__________________ 드림

별의

별 이야기

별의

별 이야기

초판 1쇄 인쇄 2018년 2월 28일
초판 1쇄 발행 2018년 3월 7일

지은이 신지별

발행인 장상진
발행처 (주)경향비피
등록번호 제2012-000228호
등록일자 2012년 7월 2일

주소 서울시 영등포구 양평동 2가 37-1번지 동아프라임밸리 507-508호
전화 1644-5613 | **팩스** 02) 304-5613

ISBN 978-89-6952-232-0 03810

· 값은 표지에 있습니다.
· 파본은 구입하신 서점에서 바꿔드립니다.

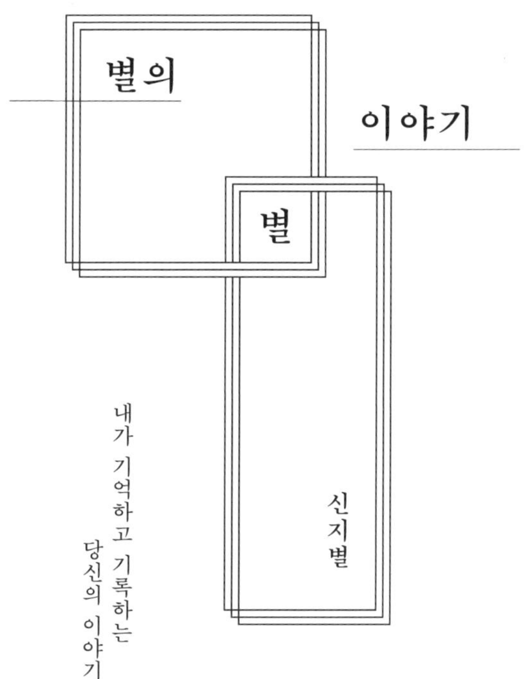

별의 별 이야기

내가 기억하고 기록하는 당신의 이야기

신지별

경향BP

contents

아틀란티스

사랑이 담기지 않았음을 알면서도, 보고 싶다는 한마디에 아틀란티스처럼 가라앉던 내 사랑이 붙들려 다시 지상으로 올라오던 때도 있었다. 파멸로 가는 길임을 알고 있었지만 구원이라는 단어를 더 많이 썼다. 언젠가는 빛을 사랑한 적도 있었지만, 더 사랑하는 네가 어둠을 사랑한다는 이유만으로 어둠을 사랑했던 적이 있었다. 새벽이 대낮처럼 밝아 잠 못 드는 대신, 대낮의 눈부심이 먹먹해져 자주 커튼과 안대를 활용하기도 했다.
이것은 언젠가 내 심장 위에 우뚝 서 있던 너라는 왕국이 멸망하기 전에 있었던 일이다.

짝사랑의 시작

외로운 별에 살던 나는
하늘에 뜬 다른 별에 눈을 찡긋했고
순간 그 별이 반짝 빛났다.

사소한 반짝임 하나에
나는 수만 년을 달려서라도
그에게 닿고 싶다는 마음을 걸었다.

별 에 게

이기적인 소리로 들릴지
모르겠지만, 더 반짝이지
말아줘요. 지금도 너무 내게는
먼 사람 같잖아요.

아, 외로워

늘 가던 길로 산책 나갔다
좋아하는 음식을 혼자 해먹다
드라이플라워 만들려고 꽃 사오다

아, 외로워.

깊어가는 새벽, 친구와 전화하다
애인과 입 맞추고 문득

아, 외로워.

혼자든 아니든 습관적으로
잊을 만하면 중얼대는 한마디.

아, 외로워.

받은 적 없는 것이 그립다

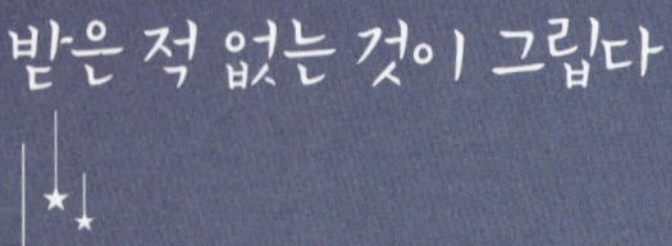

눈이 내린 적 없는
남쪽 나라에서 쭉 살았으면서도
만져본 적 없는 눈을
그리워하는 사람처럼

바다에 닿은 곳 없는
내륙에서 쭉 살았으면서도
본 적 없는 바다를
그리워하는 사람처럼

사랑받은 적 없는
외로운 내 세상에서 쭉 살았으면서도
받은 적 없는 사랑을
그리워하는 사람,
나는.

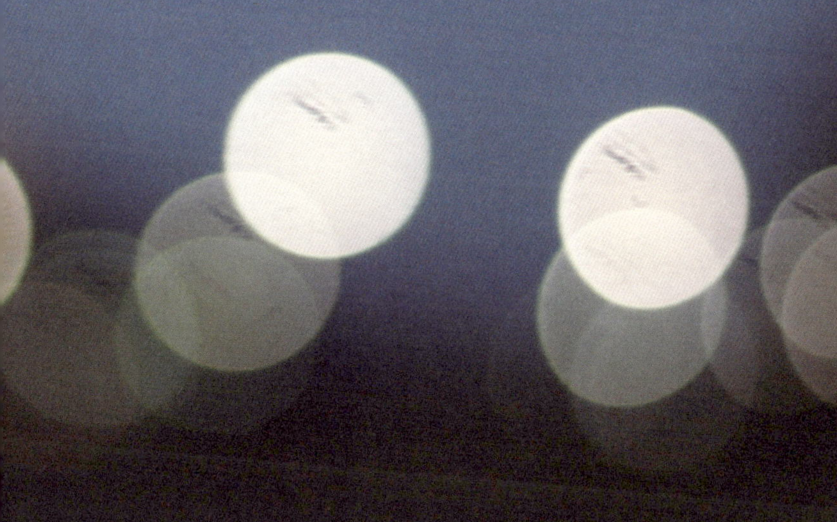

정

이름을 이루는 한자를 몰라서 제멋대로 아무 한자나 써넣고는 닿은 적도 없는 당신의 마음을 점쳐보던 때, '정'이라는 글자가 들어간 이름은 어쩐지 정이 많을 것만 같아서 '당신도 정이 많은 사람일까?' 즐거운 의문을 품던 때, 잡아본 적도 없던 당신의 손이 그리워 허공에 이름을 불러보던 때, 안겨본 적도 없던 당신의 품이 그리워 밤낮으로 때와 장소를 가리지 않고 눈시울이 붉어지던 때.
나는 당신의 이름이 참 좋기도 해서 그 이름자 안에 살림이라도 차리고 싶었던, 어느 때.

비칠 리 없는 당신의 모습
드리울 날을 기다리고 기다리다
연못에 탑이 비치기만 하염없이 바라던
아사녀의 먹먹한 마음도 가늠해보다

나,
기어코 그리움 안에 빠져 죽으리.

시차

새벽 공기를 이기지 못해, 나는
좋아한다고 당신께 고백을 하고,
당신은 즐거운 마음으로 오후를 걷다
난데없이 받은 서늘한 마음에
흥미 없다는 듯 몸서리를 칩니다.

당신은 즐거운 노래를 부르며
춤추듯 걸음을 이어가고
나는 손뼉을 쳐도 모자랄 판에
살을 에는 밤공기에 대성통곡을 합니다.

사랑에는 국경이 없다지만
마음에는 국경이 극명하여
다른 시간을 사는 당신,
기쁘게 오후를 행진하는 당신을, 나는
새벽의 불면과 외로움으로 사랑합니다.

이국으로 떠난 마음에게선

안부 한 점 오지 않아 적적하니
당신의 해맑을 낯을 머릿속에 그리다
나까지 한낮처럼 잠들지 못했습니다.

북극

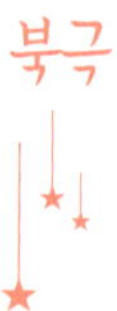

자비로운 미소는 다른 사람들에게 공평하고도 넉넉하게 주어지지만, 그래도 당신의 시선으로부터 소외된 땅이 하나 있다면 그건 바로 나겠죠. 빛과 멀리 떨어져 있어 어떠한 기척도 닿지 않는 난, 당신 기준에선 가장 동떨어진 음지.
거의 매일 체감온도가 영하권에 머무르지만 아주 가끔 따듯한 시기는 있어요. 내게도 여름은 와요. 그 잠깐은 살만하다 느끼기도 하지만, 결국은 또다시 싸늘하기만 한 몇 개의 계절로 돌아갈 뿐.
북두칠성에 눈물을 담을 수만 있다면 차라리 반짝이기라도 할까요. 내가 흘리는 눈물은 어디에도 쓸모가 없다는 생각을 하고 나선 언제부턴가 눈물이 메말랐는지, 아니면 속에서 얼어붙었는지 알 수가 없게 되었어요. 그저 나는 외로움 위를 둥둥 떠다니는 거대한 얼음일 뿐이에요. 아, 울지는 않아요. 가끔 정말 울고 싶을 때가 있기는 하지만 혹시나 걱정은 말아요. 내 눈물은 꽁꽁 얼어 눈으로 내릴 테고, 그것들이 내 위로 쌓이고 쌓이면서 나는 더욱 단단해질 테니까요.
다만 가끔은 당신이 사무치게 보고 싶어요. 한 번도 가져보지 못한 넉넉한 따뜻함을 갈망해요. 그런 날에는 답이 없어요. '한 번이라도 나를 어루만져준다면.' 하고 불가능한 생각들을 해보다 하루가 저물고 밤이 와요. 언제나 곁에 있어주는 것은 외로움이 전부고, 너무나 당연하게도 당신은 없지요. 아마 영원히 이렇겠죠. 영원히. 외로움에 담겨 있어도 이젠 차갑지도 않아요. 너무도 익숙해졌네요, 온기 없이 사는 것도.

나는 그 누구도 의도치 않게 고독해진 당신의 북극이에요.

하늘과 별과 나만의 비밀

함께 별 보러 무작정
외딴 분교 운동장에 놀러갔던 날,

접이식 의자 두 개 펼쳐 놓고
네가 좋아하는 아이에 대한
이야기를 진지하게 들어주며
깨끗한 시골 하늘을 보고 있는데
아주 큰 별똥별이 하늘을 달렸어.

뭐 빌었냐는 네 말에
안 알려줄 거라고 짓궂게 말했지.
아마 영영 내가 빈 소원은
하늘과 별과 나만이 아는 비밀일 거야.
그런 걸 말할 수 있을 리 없어.

나
너랑 이어지게 해달라고 빌었거든.

설레던 익명

쪽지 모양으로 접은 마음

노을에 잠긴 교실
삼 분단 넷째 줄
오른쪽 책상에 올려두고
누가 볼세라 재빨리 달아나다

복도 끝에서 걸어오던 너와 부딪치곤
시키지도 않은 변명을
잘만 늘어놓던

서툴러서 설레던
비겁한 익명,
혹은 사랑이라는 말을 모르는
평범한 열일곱.

대답은 하지 말아요

주머니를 뒤적여
잔뜩 구겨진 마음을 꺼냈다.
오래 가지고 있다 이렇게 됐다며
당신 오른손에 꼭 쥐여주고 도망쳤다.

때로는
고백이라는 행위 자체가 중요하고
정작 답은 듣고 싶지 않을 때가 있어서
당신을 뒤로하고 도망쳤다.

당신이 붙잡거나
당신이 화를 내는
그 어떤 희극과 비극의 절정도
일어나지 않았다.

마음 내키는 대로
상상할 수 있는 여백을 남기는 것,
그게 나에겐 최선이었다.

미신

실체도 파악하기 힘든 사랑을 하고 있던 날을 함께 견뎌준 건 불량 식품 같은 미신이었다.
나는 신문에서 내 별자리인 게자리의 운세보다 당신의 별자리인 황소자리를 훨씬 많이 찾아보곤 했고, 내 혈액형인 A형의 운세보다 당신의 혈액형인 AB형의 운세를 훨씬 많이 찾아보곤 했다. 주로 나와 당신의 하루를 혼자 맞춰보다가 가끔은 세상에서 제일 부질없는 가능성도 점치곤 했다. 게자리와 황소자리의 궁합, A형과 AB형의 궁합 같은 것들. 한 번은 인터넷에서 이름 궁합을 몰래 본 적도 있다. 좋은 결과가 나왔을 때 마치 당신이 내게 고백이라도 한 것처럼 얼마나 황홀한 기분이 되던지.
현실에서는 눈도 마주치기 어려운 당신을 꿈에서라도 보고 싶어서 자기 전에는 사진을 한참이나 바라보다 베개 밑에 놓아두고 잠들었지만, 아침이 되면 역시나 '이런 미신 따위 먹힐 리가 없지.' 하곤 역정을 내며 하루를 시작했다. 꽃잎을 하나씩 따면서 '좋아한다, 아니다' 놀이도 해봤지만, 이상하게 단호하다 싶을 정도로 항상 끝은 아니다가 나와서 고개를 젓곤 했다. 집으로 돌아가는 길에 하필 석양이 예쁘

기라도 한 날이면 내 곁에 둘 수 없는 당신이 야속해 어찌 그리도 목이 메던지.
사람들이 종교를 믿는 것은 결국 어딘가에 기대고 싶은 마음 때문이겠지. 보이지 않더라도 어딘가에 희망이 있다고, 영원의 행복이 있다고 믿고 싶은 마음 때문이겠지. 나는 종교에 귀의하는 사람들의 마음으로 미신의 신자가 되었다. 하지만 사실 난 미신에 온전히 복종한다는 것보다는, 당신을 숭배하기 위해 미신을 빌린다는 표현이 맞았다. 미신은 경전, 당신은 나의 신. 당신과 신은 실체를 알 수 없다는 점에서 참 닮았더랬다.

너는 먼 곳에서
더 먼 곳에 있는 다른
별님을 사랑하고,
나는 먼 곳에 있는
그런 너를 사랑해.

적당히 멀리

예전에는
떨어져 있으면 죽을 것 같았다.
숨이 막혀서
당장에라도 다정한 말을 들어야
살 수 있을 것 같았다.

지금은
적당한 거리를 두고 서 있다.
너를 바라보다
가끔 웃는 모습이 멀게나마 보이면
그걸로 나도 희미하게 웃는다.

사랑은
꼭 두 사람 몫이 아니어도 좋으니
너는 모르고 있어다오.
나란히 설 수 없음을 알기에
영원히 모르고만 있어다오.

SWEET
TREAT

산타클로스의 고백

며칠간 녹인 숨결을
혀로 굴려 만든 진심을
초승달이 뜨는 밤에
귓가에 속삭이러 갈 거야.

나는 따뜻한 계절의 산타클로스.
준비한 선물이 네 마음에 들까.
궁금해.

우리의 시작

당신이 원하는 일을
뭐든 다 해줄 수는 없겠지만
함께하길 원하는 일이 무엇인지
함께 찾아볼 순 있어.

혹시나, 만약 나처럼
당신도 누군가를 원하고 있다면
'나'와 '당신', 두 단어를 나란히 놓고
'우리'라는 새 이름을 지어주자.

수묵 담채화

인생이 어쩐지 텅 빈 기분이었다.
먹먹하고 쓸쓸한 무채색이었다.

어느 날 작은 너 하나를
내 인생에 그렸다.

여전히 빈 곳이 많은데도
이상하지,
온화한 네 색깔 조금 물들었다고
이미 완성작이 된 느낌.

밤 골목길

가로등 거리를 벗어날까요.
빛이라곤 당신밖에 없는 자정의 골목에서
그동안 줄곧 낮이라 하지 못했던
우리의 세상에서만 통하는 속삭임을 나눌까요.
심장과 심장, 입술과 입술, 손과 손을 맞대고
하나의 그림자가 될까요.
세계 끝 무렵의 생존자 한 쌍인 듯
내일은 개나 줘버리겠다는 듯
마지막의 마음으로 절실하게 고백할까요.
그 누구에게도 줄 수 없는 말을
단 한 사람에게만 건넬까요.
사랑해, 사랑해, 사랑해.
오직 서로만 눈에 담아볼까요.
페이드 아웃되는 거리의 전경 속
우리만이 야경으로 남을까요.
아주 많이 키스할까요.

참 좋아

눈이 휘어지도록 웃으면
얼굴에 초승달이 두 개 뜨는 것도,
서로 잡은 손을 놓고 나서도 한동안
떠나지 않는 온기의 잔상도

참 좋아.

쓸쓸했던 내가
쓸쓸했던 너를 만나니,
겨울과 겨울을 더하니
다소 엉뚱한 반응이 일어났어.
우리, 제법 따듯한 봄에 들어섰어.

참 좋아.

슥, 살짝 뜯어보면
가볍게 날아갈 하루 낱장들
떼어내고 나면 하나둘씩
비행기 접어 날릴게
말갛게 갠 마음 꼭 끌어안고
당신을 향해 날아가겠지!

대화

말을 하지 않아도 대화라고 느끼는 시간이 있다.
그저 손만 꼭 잡고 체온을 전할 때라든가,
엄지손가락으로 지문을 따라 움직임을 그려본다든가,
손바닥을 쓸어준다거나 하는 행동.

말을 잘하지 못해도 좋았다.
거짓말을 안 하는 온기로
내 겨울을 녹이던 이, 당신.

앞으로도 우리만의 대화가 충분했으면.

연인에게

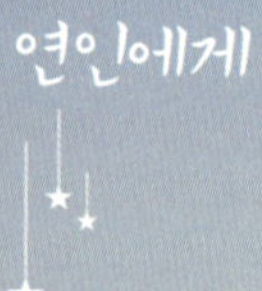

신기하지.

세상의 사람들은 내가 모르는 어딘가에서 왔다
제각기 어딘가로 쓸려가는데, 그 흐름 속에서도
눈이 맞고 손을 잡는 사람들이 있다는 게.

내가 당신을 만난 것도 그랬지.
쌀쌀한 외로움을 따라 쓸려가던 내가
당신과 눈이 맞고, 당신의 손을 잡았던 건
다시 생각해봐도 참 신기한 일이었어.

서로의 흐름을 수정해 조금은 다른 길을 가더라도
같은 움직임으로 세상을 흘러가며
두 배로 행복해지는 일.
나는 그걸 기적이라고 불렀어.

세상의 연인들이 멀어지지 않기를.
흐름에 휩쓸리는 대신 서로를 부여잡고,
서로의 의지대로 함께 버텨내기를.
우리 또한 예외는 아니기를.

감

너무 일찍 조바심이 나.
한 입 깨물면 아직
익지 않아 떫을 테고
그렇다고 너무 오래 두면
시꺼멓게 썩어버릴
감,
그리고 우리네 사랑.

적당히 익었다 싶은 감이 오면
꺼내어 달콤한 맛을 봐요.

백색소음

빗방울 닫는 소리
간지럽게 바람 스치는 소리

조곤조곤 시를 읽는 목소리
너의 품에 고개 푹 묻으면
두근두근 심장 소리

내 하루 끝에 너를 재생한다면
긴 불면증을 쫓아버리곤
스르르 잠이 찾아올 것 같아.

전생

꿈에는 어떤 여자가 나타나서
꿈 한 번 정도의 이야기를 들려줬어요.

아주 먼 옛날 어디선가
그대와 나는 반쪽씩
서로의 표정을 나누어 가지고
짧고 아름다운 사랑을 했대요.
이것은 곧 비극으로 끝났다는 뜻.

혹여 내가 엿본 게
과거가 아니라 미래라고 해도
예정된 비극대로 써내려가는 손이
하나가 아닌 둘이라면
나는 기꺼이 그대를 잡겠어요.
그리고 떠나지 않겠어요.

생은 반복된대도
사랑은 또다시 부서진대도
우리라는 이름은 죽음을 맞이한대도

기꺼이 그대를 따르겠어요.

달의 마음으로

달의 마음으로 당신을 사랑해요.

반쪽은 아낌없이 보여주고 싶다가도
다른 반쪽, 그늘진 부분은 숨기고 싶어요.
어떤 날은 아예 그냥 부끄러워
당신 시야에서 사라지고 싶기도 해요.

하지만 오늘은 나, 보름달로 뜨겠어요.
정직한 빛으로 당신을 온통 채우겠어요.

나는 달의 마음이에요.

일기장

새하얗게 비워둔 일기장 칸에
당신의 이름을 새기니
하루로 축약할 수 없는 기쁨이
사각사각 피어나는 소리가 들렸다.

머리에만 담고 있기 아까워
눈으로, 손으로
다시 한 번 새겨 완성하는
매일 사랑스러운 시선(詩選).

닥터피시

천 겹의 악몽 속에서 조난했지만
죽을힘을 다해 도망쳐 내게로 온 당신아.

지나온 시간이 곪은 자리를,
심장에 박여버린 굳은살을 핥아줄게.
감정을 느끼지 못해 둔해진 마음에
다시 신선한 피가 돌게 해줄게.

죽은 기억들을 뜯어낸 자리에
새 사랑이 돋을 수 있도록
다만 진심과 체온을 전할게.

겨울의 여관방

가장 따뜻하던 때는 겨울이었지. 여름의 방은 따뜻하다 못해 더워서 에어컨으로 추울 정도의 온도를 맞춰야 했으니까. 손바닥만 한 창문에서 비록 한두 개라도 깨끗하고 선명하게 보이는 별이 신기해 커피를 마시다 눈이 커지던 당신이 내 머리카락을 귀 뒤로 쓸어 넘겨주던, 가장 따뜻했던 겨울의 여관방.
우리는 추위를 타지 않는다고 말할 수 있었지. 적어도 그 시절에는 그랬지. 당신이 나를 아껴주는 일은 나의 체온을 아끼는 일이었으니까. 당신을 내가 아끼는 일은 당신의 체온을 아끼는 일이었으니까.

빛나는 새벽

숨을 죽인 채 별만 세는,
여기는 어두운 적막.
꿈속을 항해하던 당신이
신호를 보내왔다.

은은한 속삭임.
한 줄기 스며든 새벽은
당신을 만나기 전에 내가 보낸
그 어느 대낮보다도
환하게 빛난다.

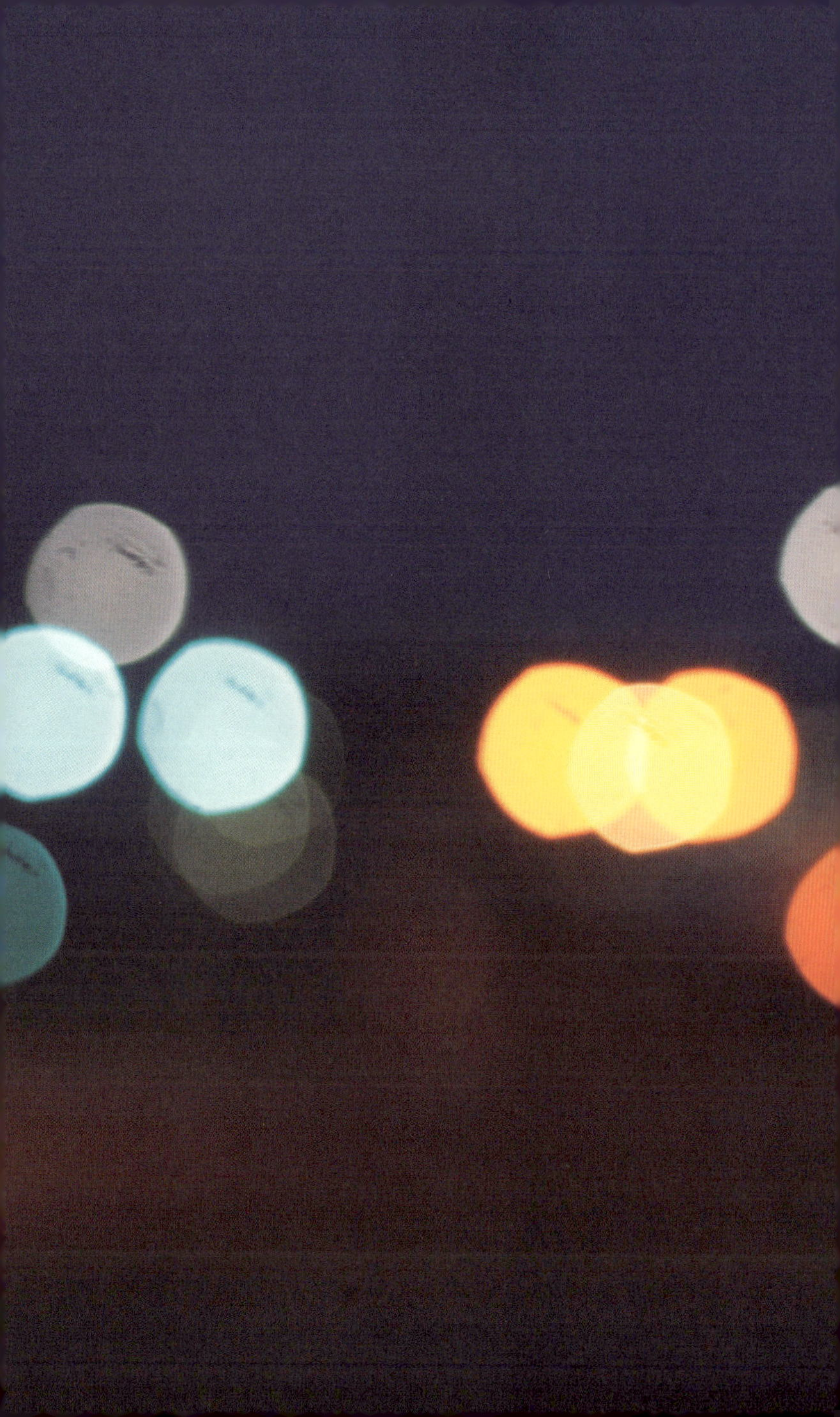

장거리 연애

언제 죽을지도 모르는 세상에서
만남을 정해지지도 않은 미래로
미루는 사랑을 하고 있다.
보증금이라도 있으면 좋을 텐데.
혹시 떼먹고 도망가진 않을까 싶어
매일 마음을 떠보곤 한다.

봉숭아 물

봉숭아 물 곱게 들이고
두 손 모아 첫눈을 기다리면
지워지지 않게 간직한
붉은 마음이 눈처럼 내려
그 어느 날 이루어진다고 했는데
이제 사랑을 이룬 나는
당신 손을 꼭 잡은 채
영원이라도 빌면 될까요.

야설(夜雪)

밤은 다소곳이 흑색으로 스민다.

하얗게 서리는 정적 속에
누군가 채도를 죄다 훔쳐갔나
잠시 의심하게 되는, 눈 오는 밤.

오랜 시간 서로가 간절했던
한 연인의 방 창문만
영롱한 색으로 반짝인다.

점과 선

점과 선으로 표현할 수 있는
아름다운 것의 이름.
내리는 비.
해와 별 기호.
사랑이 시작될 때의 느낌표.
오래된 연인의 말 사이 공백.
혹은,
당신의 이름.

소꿉놀이

돌로 지은 밥에
나뭇잎 찢어 만든 반찬을 앞에 두고
여보, 당신 하며
설익은 눈빛을 연기하던 것도
벌써 아주 옛날의 일이지만

잘 익은 사랑을 앞에 두고
서로 한 입씩 떠먹여주며
너와 나
여보, 당신 하며
어릴 때처럼 다시 소꿉놀이나 해볼까.
친구 같은 부부나 되어볼까.

해가 저물어도 끝나지 않는
어른의 놀이를 해볼까.

알고 싶지 않은
사람들의 안부가
자꾸만 눈을 찔러
편히 감지 못하는
밤.

우리 안 친해

친하지도 않은데 살갑게 군다는
소리를 뒤에서 들었다.
나는 앞에서 말해줬다.
내가 살갑게 굴었다는 건
너랑 안 친하다는 소리라고.
나는 진짜 친한 사람에겐
살가운 사람이 아니라고.

뜻밖의 경청

누군가가 내게 '네 이야기를 듣고 싶다.'고
눈빛을 반짝이며 말하던 순간,
순진하던 나는 모든 걸 털어놓고 말았다.

하지만 내가 꺼냈던 어려운 이야기들은
머지않아 대부분 내 약점이 되어
전혀 모르는, 혹은 잘 알지도 못하는 사람들의
입에서 입으로 공유되고 있곤 했다.

이런 일을 몇 번 겪고 난 나는
이야기를 하는 쪽보다는 듣는 쪽이 되어
입을 다무는 연습을 하기 시작했다.

백조의 삶

우아하게 보이려고
수면 아래에서 물장구를 치는
백조의 부르튼 발 따위를
누가 궁금해하겠어?

애절한 사연을 설명할 시간에
나는 애써 웃으며 발버둥이나 더 칠래.

어차피 아무도 관심 없잖아.
내가 떠올라 있는 모습이나
내가 가라앉는 모습만을
기대하고 있잖아.

나의 쓸모

나의 쓸모를 증명해서 얻은 관계들은
나의 쓸모가 사라지는 순간 사라진다.
해가 뜨면 얼음이 녹듯이.

누군가의 처세술

부질없다 느끼는 순간 :

하도 답답해 '개 좀 별로더라.'로 물꼬를 튼 대화에
나보다도 열심히 온갖 욕을 퍼붓던 사람이
정작 '개'랑 제일 친하게 지내는 걸 보는 순간.

인공 눈물

인공 눈물을 샀다.
눈이 뻑뻑해 쉽게 피로해지기에
힘주어 눈을 뜨고 몇 방울을 넣으니
들어가지 못하고 흘러내리는 조금이 있다.

울고 싶은 날에도 울지 못하던 내가
사람들이 오가는 휴게실에서
눈물을 흘려도 된다는 건
그러곤 핑계를 댈 수 있다는 건
생각보다 훨씬 더 많이 괜찮은 일이라

이제 울고 싶은 날에는 일부러
탁자 위에 보란 듯 인공 눈물을 꺼내곤
눈에 잔뜩 넣는다.

누군가 들어와서 우냐고 물으면
"아, 눈이 좀 건조해서
인공 눈물을 넣었어요."

그렇게 말하면 누구도 개의치 않기에
이 얼마나 안락한 울음인지.

빽빽한 눈이 되어
빽빽한 공기를 견디는 것이
이제는 오히려 다행이라는 생각도 든다.

조금 빽빽하면 울면 그만,
그러니 삶이 조금 빽빽하면
몰래라도 조금씩 울면 그만이다.

자기 일은 스스로

본인 인생은 본인이 알아서 챙기세요.
나는 이제 내 인생 챙기기도 숨이 가빠서
누구 챙겨주고 할 겨를도 없어요.

여기까지가 인연이라면 조금은 고마웠지만
역시 다시는 만나지 맙시다.

바랄게요. 당신이 적당히 잘 지내기를.
다시 나한테 도움 청하러 오지 않을 정도만.

청춘

조그만 꿈을 뜯어 길에 뿌리며 왔다.
길을 잃으면 언제든 되짚어
처음으로 돌아갈 수 있도록.

밤이 찾아오고 길을 잃었다.
돌아가려고 꿈 부스러기를 찾았다.
어디에도 없었다.

돌아가고 싶었지만
누가 먹어버렸나, 내 꿈들.
헨젤과 그레텔처럼 길을 잃었다.
너무 빨리 잃었다.

음지에서 양지로

어두운 곳은 무서워요. 가고 싶지 않아요.
무슨 말이야? 어두운 건 네가 지금
있는 곳이잖아. 여기 밝은 곳으로 빨리 나와.

밑 빠진 독

제발 희망 같은 거
제게 붓지 마세요
사실 말 못한 게 있는데
실은 저, 밑 빠진 독이에요
영영 차오르지 않을 거예요

길 찾기

너는 너의 길을 가면 된다던
사람들의 말조차 위로가 안 됐어요.
발을 내딛을 길 자체가 안 보여서.

떠돌다

일직선으로 걸었지만
목적지가 어딘지는 몰랐다.

어른들은 저마다 한마디씩
잘 가고 있다며 부추겼지만
직감적으로 한 가지는 알았다.

떠돌지 않으려다 떠돌게 되었다.
별이 환히 빛나는 밤에도 길을 잃었다.

나쁜 마음으로 견딘다

살고 싶지 않은 하루하루를
그럭저럭 견디게 만드는 것들.

끝이 좋지 않았던 전 애인의 비보.
경멸하던 사람의 추락 소식.
서로가 서로에게 진흙탕 뒷담화.

착한 사람이 되지 않으면
천국에 가지 못한다지만
나쁜 마음을 먹지 않으면
당장 이 세상에 못 살 것 같다.

밀집

한 뼘의 공간이라도 있어야
선이라도 그을 마음이 생기는 법.

빽빽하게 한 장에 그린 얼굴들이
너나 할 것 없이 일그러져 있다.
밖에서 보기에 좁아터져 보인다.

그 좁은 곳에서도 연한 살을 부대끼는 게
그들만의 낭만이라 말하길래
작게나마 내 얼굴도 그려볼까 하는 생각은
이내 '선 하나라도 그어볼까.'로 변하다
앞에서 발걸음을 돌려버리고 만다.

여백 하나 없는 얼굴들을
시야에서 찢어 구겨버린다.

조만간

"조만간 만나서 술이나 마시자!"
네가 말하는 '조만간'은
백년 뒤를 의미하는 게 분명하다.

비겁한 우리

모두가 할 말이 없어
입을 다무는 게 아닌
아주 평온한 하루.

비겁하다는 단어도
이젠 사치스러워서
오늘도 수고했고 잘했다며
깨끗한 얼굴로 토닥이는

비겁한 우리는 단어를 숨기고
서로를 칭찬한다.
오늘도 (비겁하게) 잘했어,
내일도 (비겁하게) 잘하자.

잊지 마,
울거나 화내는 건
이불 안에서만 하는 일이야.
안 그럼 아주, 아주 큰일이 나. 알지?

씹는 힘

나쁜 감정은 질겨서
소화가 쉽지 않으니
꼭꼭 씹어 삼켜야 한다.

미움, 질투, 증오, 분노.
열등감을 밟게 지핀 뒤 굽고는
이빨이 부러져라 열심히 씹었다.

단지 씹는 힘 하나로
평범하게 힘든 인생을
지금껏 견뎌왔다.

이대로 괜찮을까

요즘은 남들도 다 이만큼 하니까,
내가 죽을 만큼 노력을 해도
평범하게 무언가를 잘하는 사람 정도로
다들 나를 보고 있겠지.
그리고 내게 더 나아질 걸 은근히 바라겠지.

하지만 나는 이게 최대인데.
여유로운 척을 했지만
지금도 너무 힘들어서 쓰러질 것 같은데.

이대로 정말 괜찮을까.

불통

살려달라고 외쳤는데
갑자기 모두 내게 손뼉을 쳐요.
왜 그러냐고 소리를 지르니
살 만하다고 그러는 걸로 들렸대요.

어 리 석 었 다

돛도 안 펼쳐놓고
노도 안 젓는데
단지 바람 좀 분다고
앞으로 나아갈 거라고
생각했던 내가 어리석었다

자발적 외톨이

존재감을 확인하고 싶어서
모든 관계에서 숨어버렸다.
역시, 찾아주는 이는 없었다.

혼자 우는 방

같이 울어줄까?
묻는 사람들을 내쳤다.

어차피 슬프지도 않잖아.
슬프지 않은데 우는 거 싫어.
슬픈 나 혼자서 울고 말래.

문을 잠근다.
말이 없어진다.

나 혼자만 우는 날은
하루로 끝날지 알 수 없다.

기대하지 않는다

나를 좋아한다는 사람들이 모두
나만 좋아하는 건 아니라는 사실을
나는 남들보다 훨씬 늦게 깨달았다.
대신, 이제는 확실하게 안다.
그래서 그 누구에게도 기대하지 않는다.

잘은 모르겠지만 일단 힘들다

힘들다는 말을 입버릇처럼 달고 다녔더니 상냥한 애들 몇이 먼저 내게 물어보더라. "뭐가 힘들어?" 그러면 나는 뭐가 힘든지 잠깐 생각해봐. 그런데 그 애들은 나보다 훨씬 더 많은 일을 계획적으로 실행하고 있는 애들이고, 나보다 몇 배는 힘들 게 뻔하더라고. 나는 별일 안 하고 있는 데도 힘든 거니까. 결정적으로, 나는 내가 왜 이렇게 힘든지도 모르겠으니까. 솔직하게 말할 수가 없었어. 그래서 그냥 힘은 없지만 한 번 웃고는 대답했어. "아무것도 아니야." 이렇게 오늘도 우리는 한 발짝 더 멀어졌어.

어른의 전화번호부

전화번호부를 끝까지 내렸는데
친구라고 부를 이름은 보이지 않았다.

"286명의 사람 중에
친구가 하나 없다는 게 말이 돼?"
고등학생 때의 내가 잔소리를 하고

"에잉, 쯧쯧.
영원한 친구 같은 게 어디 있니.
네가 사랑하는 친구들 모두
아직 내 전화번호부에 있단다.
이젠 친구라 부르기 어색할 뿐이야.
어른이란 그런 거더라고."
어른이 된 나는 점잔을 빼며 말한다.

마음 가계부

A에게 눈길 한 줌.
B에게 생일 축하 인사.
C에게 마음엔 없지만 칭찬 한 번.

들어오는 건 거의 없지만
마음 잔고가 그래도 넉넉해서
아직까지는 괜찮다.

이 여유도 없어지는 순간
갚지 않은 것들을 따져
잘라낼 곳들이 많지만

아직까지는 모른 척을 하기로 한다.

멀어진 채로 살아요

시간에 의해, 세상에 의해
혹은 서로에 의해 결국 멀어진 사람들.
당신들에게 말합니다.
멀어진 거리를 유지하며 살기로 해요.
그냥 나는 나대로, 당신은 당신대로.

쉽게 믿으면 안 돼

나를 철석같이 믿고 따르던 사람을

아무렇지 않게 쳐내는 내 모습을 보며 깨달았다.

'이래서 사람을 쉽게 믿으면 안 되는구나.

세상에는 믿을 사람이 하나 없구나.'

빈 방 없음

적당히 나눴어야 했다.
누구에게도 치우침이 없이
심장을 사람 수만큼 나눠
공평하게 입주시켜야 했다.

이유도 없이 조금 더
큰 방을 주고 싶던 사람들이 있었다.
티를 안 내려 조심하면서
평수를 늘려줬다.

얼마 지나지 않아
큰 방 입주자들이 사라졌다.
들리는 소문으로는
내 욕을 많이 했다고 한다.

마음에 빈 방이 많이 남았지만
'세입자 구함'이라는 광고를
얼굴에 띄우지 않는 이유다.

급행열차

제 발로 나라는 열차에서 뛰쳐나가
떨어져 나간 사람들을 걱정할 여유까지는 없다.

반면 내가 너무 빨리 달리기에
속도를 이기지 못하고 떨어져 나간 사람들에겐
약간의 연민까진 보낸다.

그뿐이다.

나는 앞으로 더 빨리 달릴 것이고,
멈추는 역은 줄일 것이다.
새 사람들은 적게 태울 것이다.

더 멀리 가기 위해서.

조바심

바로 앞에서 담배를 피우던 사람들이
작은 점으로 멀어지고
본 적도 없던 새로운 사람들이
어느새 바짝 붙어 어깨에 손을 얹네요.

난 싫은데.

놓쳐버린 기회

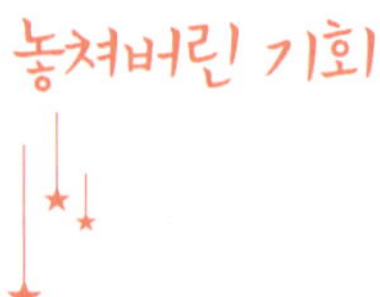

몇 번 고개를 저으며
간단히 포기했던 일들이
놓쳐버린 기회라는 이름을 달고
찬란하게 반짝이며 마음을 가로지른다.

잡고 싶다. 지금이라도.
하지만 이미 너무 멀리 사라졌다.
소원을 빌지 못한 채 떨어지는 모습만
바라보게 되던 별똥별처럼.

어쩔 수 없다.

어떤 일기

아무것도 아니라고 말한 일이 정말 아무것도 아니었던 적은 몇 번이나 있었나. 사랑한다는 말을 했던 만큼 과연 사랑을 충분히 줬었나, 혹은 받았었나. 아프다고 쓰던 나는 언제까지가 진실이었나. 가볍게 던졌던 말들은 어디까지 갔다가 다시 여기로 돌아왔나. 누구든 붙잡고 누구도 모르는 답을 묻고 싶은 날. 나는 어디까지 잘못했나요, 혹은 어디까지 잘했나요.

내가 졌다

우울하다고 말하면 우울한테 지는 것 같아서,
우울하지 않다고 나에게 최면을 걸고는
한 번 더 웃는 쪽을 택했는데
오히려 그게 우울한테 지는 지름길이었나.

최면을 걸어 억눌렀던 마음은
한데 모여 어느 날 갑자기
구역질처럼 솟구친다.

다 괜찮을 거야

너만 그런 게 아니야.
지금 이 순간, 네 또래 중
둘 중에 하나는 잠 못 들고 있을 거야.

네가 이상한 게 아니야.
조급한 거 당연하잖아.
주변 모두 무적처럼 달리는 것 같으니까.

근데 사실은 다 과열된 상태야.
저러다 한둘씩 엔진이 터져 죽는 거야.

그러니까, 그러니까 괜찮아.
뒤쳐져도 괜찮고 느려도 좋아.
죽지만 않으면 이기는 거야.

그러니까 죽지만 말고,
너 절대 이상한 거 아니야.

괜찮아.
진짜 다 괜찮을 거야.

수고 많았어

열과 성을 다했고
솔직하게 행복을 표현했고
눈과 입꼬리가 마음과 함께
자주 웃었다면

끝의 모양이 어땠든
잘한 거야, 당신.

사랑하느라 수고 많았어.

이별한 너에게

아픈데 아프지 않다고 말하지 말기.
괜찮지 않은데 괜찮다 말하지 말기.

시간이 펼치는 속임수에 넘어가
못 쓰게 된 사랑을 다시 주워오지 말기.

다만 감정이 허락하는 한,
설령 끝이 보이지 않는 것 같아도
그리움의 끝을 달려보기.

너울, 우울

바다는 죄가 없어요.
지나가던 세찬 바람이
괜히 심술이나 부리고 사라졌을 뿐.

당신도 죄가 없어요.
외로움 한 조각 지나가다
괜히 마음 휘젓고 갔을 뿐.

바다의 너울도,
당신 우울의 너울도
결국 흔든 이의 탓일 뿐.

길을 잃는 여행

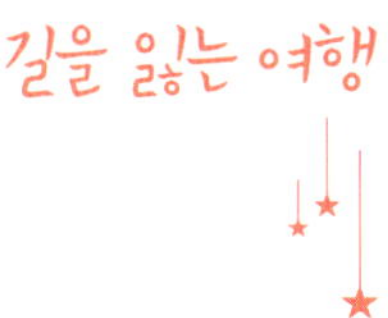

반듯한 길로만 가는 여행은 재미가 없잖아?
샛길로도 빠져보고,
그러다가 길도 잃어보고 해야지.

다만 나에겐 어쨌든
목적지가 있다는 것만 늘 잊지 말 것.

빙글빙글 돌아 늦게 도착하는 건 괜찮지만,
꿈의 목적지만은 늘 기억할 것.

나의 진리

나는 누군가에게는
쓰레기였지만,
나 자신에게는 세상의
중심이고 진리다.
그렇게 믿고
살기로 했다.

내 탓과 내 탓이 아닌 것

나이나 경험이 부족해서 뒤쳐지는 건 내 탓이 아니다. 하다 못해 돈이 부족해서 뒤쳐지는 것도 내 탓이 아니다. 그런데 노력이 부족해서 뒤쳐지는 건 역시 내 탓이다. 아예 자학을 그만두기엔 내가 아직 갈 길이 멀다. 지금보다 훨씬 더 어른이 되었을 땐, 적당한 자학과 칭찬을 병행할 줄 아는 사람이 되어 있으면 좋겠다. 내 자신을 혼내야 할 땐 혼내고, 칭찬해야 할 땐 칭찬할 줄 아는 사람이.

괜찮냐고 물어봐 줘서, 괜찮아

괜찮냐는 말 한마디로
오래도록 어금니 깨물며 버텨온 날들이
순식간에 그 자리에 몸져눕게 되던 날
분명 있었다.

괜찮지 않다고 해도
아무런 도움도 줄 수 없는 나약함을
괜찮냐는 물음 속에 숨긴 날도
분명 있었다.

손가락으로 하루 이틀 세며 견뎌봐도
알잖아.
희망은 만병통치약이 아니라는 것을.
미래는 신음하던 현재가 모인 집합인 것을.
행복은 모두를 공평하게 보살피기엔 바쁜 것을.

그럼에도 그저
괜찮냐는 말 한마디로

나도 너도
마법처럼 잠깐은 괜찮아지던 날
분명 있었다.

어떤 사랑은
지나치게 구슬프거나 무서워서
펼친 첫 페이지, 첫 문장부터
내가 눈물을 쏟게 만들기도 했다.

이야기의 시작

눈길이 가는 건 늘
얌전하게 칠해진 페인트보다
삐걱대는 낡은 문고리였다.

성한 곳 없던 당신 눈빛이
그 누구의 정갈한 고백보다도
며칠 밤낮 마음을 열렬히 두들겨서
살짝 얼굴을 내밀고 말았고

그 틈을 타 당신은
문틈으로 손을 넣어 걸쇠를 풀었다.

환청

사랑한다고 말한 적은 없다고 했다. 내 귀로 똑똑히 들었다고 했지만, 너는 단 한 번도 그런 적이 없다고 했다. 하지만 나는 왜 이렇게 아직도 선명하게 기억이 날까. 늦은 밤에 갑자기 술 먹자고 불러내선 순식간에 소주 세 병 비우더니, 집에 오는 길에 가로등 아래서 사랑한다 했던 건 아직도 기억이 나는데. 내 귀가 이상했나 싶다가도 문득 그때 너의 목소리가 잔뜩 흔들리고 있었다는 게 기억나선 그래, 차라리 취한 너라도 나를 사랑했다면 다행이란 생각을 했다. 좋은 환청이었다.

교통사고

너는 외로움의 모퉁이에서 급하게 회전했다.
발을 질질 끌며 힘겹게 길을 가던 나는
그만 너에게 치이고 말았다.

사라지지 않을 흉터를 간직하고
남은 날을 살아갈 내 마음에
심심한 위로라도 보내주겠니.

책갈피

끝이 아닌 중간 어딘가에서
순간의 결말을 내기로 한다.
다시 펼치지 않는 한 그대로 그곳이
우리의 마지막이겠지.

나는 애매했던 우리의 이야기에
책갈피를 끼웠다.

다시는 펼쳐보지 않아야겠다, 결심하곤.

돌팔이 약사

하루분의 슬픔과 절망, 괴로움
그리고 아주 소량의 진통제를
같이 넣어 매일 내게 처방하는
당신.

반대인 마음

말하는 것의 반이라도
마음이 해낼 수 있었으면 좋겠다.

널 잊는다, 널 지운다.
그리움을 삭제한다.
미련도 삭제한다.
사랑에 빠지지 않는다.
사랑하지 않는다.

너를 두 번 다시 만나지 않는다.

떠다니는 말들.
문장들을 제 것으로 만들지 못하고
자꾸 반대로 뱉어내는 입술.

나약한 마음 때문에
오늘도 울면서 손을 잡는다.
나는 너의.

정해진 답

나를 사랑하긴 하냐고
물었던 순간부터 이미 나는
당신이 나를 사랑하지 않는다는 걸
안타깝게도 눈치 채고 있었다.

달라도 괜찮아

이제는 당신이랑 맞지 않는 취향에
죄책감을 가지지 않아.
비 오는 날을 좋아하는 당신의 곁에
비 오는 날을 싫어하는 내가 있는 건
그다지 이상한 일은 아니더라고.

듣고 싶은 대답

나를 얼마나 사랑하느냐는 물음은
객관적인 수치를 제시해달라는 뜻이 아니다.
다만 하늘만큼, 땅만큼, 우주만큼
이렇게 추상적인 단어들을 사용해서라도
이 세상에 너보다 사랑하는 게 없다는,
그런 달콤하고도 뻔한 대답을 듣고 싶은 거다.

절망을 알아줘

"사랑해."라는 말을
"나는 지금 절망을 느끼고 있어."라는
말 대신에 쓰던 날도 있었다.
그리고 그 절망의 원인은
변함없이 무심한 당신이었다.

연애에 의문이 드는 날에는
수많은 말 대신
침묵과 온점에 마음을 담았다.
당연하게도 알아주는 이는 없었다.

우리가 살던 세상

우리가 살던 세상은
커튼을 걷으면 낮이었고
커튼을 치면 밤이었다.

낮을 바라보며 창가에 서 있으면
밤에서 깨어난 당신은 느릿느릿
내 뒤로 와 어깨를 안았고

밤을 바라보며 침대에 앉아 있으면
낮을 눈에서 걷어낸 당신은
햇빛보다도 반짝였다.

우리가 살던 세상은
함께 있어서 낮이었고
함께 있어서 밤이었다.

그리고 어느 날 멸망하였다.

허술한 미래

대충 끄적인 스케치는
몇 번의 지우개질로도 지워낼 수 있다.
우리가 꿈꿔왔던 미래가
그 허술하고 모호한 그림을 닮았다.

세상에서 가장 평범한 사랑을 하고 싶었다.

그럭저럭 평범한 사람을 만나
남들이 평범하게 하는 연애를 해보고 싶었다.
조금 더 행복해 보이는 연인들을 부러워하고,
조금 더 불행해 보이는 연인들을 동정하고 싶었다.

하지만 당신, 안타깝게도
내가 사랑할 때 제일 불행했던 사람.
그래,
당신.

덧칠

어떻게든 겹쳐 칠해보려 했지.
당신이 그린 꿈
그 위에 내가 그린 꿈을.

하지만 덧칠을 하기에 우린
적당한 조합은 아니었어.

내가 꾼 꿈을 당신 위로 칠할수록
당신의 색이 덩어리째 떨어져 나갔지.

당신 위로 그리는 내 꿈이
당신에게 영영 깊게 패일까 봐,
그게 무서운 당신이 영영 멀리 갈까 봐,
나는 미래를 꿈꿀수록 아득하고 아파졌지.

간이역

애인에게 물었다.
당신에게서 내 생을 멈춰도 괜찮겠냐고
애인은 답했다.
나는 간이역일 뿐이고
당신은 종착역까지의 여정이 남았다고.

이것이 우리가 연인이 되지 못하고
끝끝내 당신이
나만의 애인으로 남은 이유였다.

조각; 조각나다

너를 내가 원하는 모양으로
곁에 두고 싶었던 건 아닐까.

모난 곳을 깎는다고 모진 소리를 했지만
결국 깎이는 건 너의 마음뿐이었어.

너의 조각을 만지며 깨달아.
너는 나를 만나기 전에
가장 아름다웠다는 사실을.

점

나는 점쟁이한테 당신이 언제 내 곁을 떠날지 물었습니다. 당신이 언제까지 내 곁에 있을까를 물은 건 아니었습니다. 그저 계속 손에 꼭 쥐고 있기만 해도 불안한 사람이 가끔 있습니다. 차라리 언젠가 떠나야 한다는 것이 분명하다면 그 떠남의 시기가 언제일지는 알고 싶은 그런 사람이 내게는 당신이었습니다.

그는 대답하지 않고 자꾸 다른 소리만 했습니다. 올해 잘못하면 임신할 조짐이 보이니 관계 시에는 꼭 피임하라는 등 뜬구름을 잡는 충고였습니다. 결국 원하던 대답은 받지 못하고 나왔습니다만, 그때의 나는 그가 부정확한 말만 했던 이유가 당신이 내 곁을 떠나지 않기 때문이 아닐까, 그래서 답이 이승에는 없기 때문이 아닐까 하고 이런저런 자기 합리화를 하고 마음을 놓았습니다. 역시 점은 받아들이는 이의 마음이니까요. 후의 결과와는 관계가 없이.

아, 그가 솔깃한 내용을 하나 말했던 것 같기는 합니다. 결혼할 사람의 초성을 불러줬는데 글쎄요. 당신의 이름과는 딴판이니 그건 그냥 미신으로 치부하기로 했습니다.

이것은 나에게서 아주 멀어진 이에 대한 과거의 이야기입니다.

재난

네가 이때까지 내 인생의 유일한 재난이었다. 태어나서 배를 곯은 적도 없었고 무언가 부족해 본 적도 딱히 없었다. 그런데 너를 만나고 난 뒤로 나는 모든 게 부족하게 느껴지기 시작했다. 너만 가질 수 있다면 내가 가진 모든 것을 포기할 수 있을 것만 같았다. 하지만 모든 것을 포기한대도 너는 오지 않을 걸 직감하고 난 뒤에 나는 세상에서 제일 비참해졌다. 너는 나를 휩쓴 궁극의 재난이었다.

라플레시아

나는 꽃.

음지를 떠도는 이가 나를 사랑하지요.
만족스러운 생이에요.
유혹한다는 건
상대가 누구든 굉장한 일이지 않나요.

생이 부패하는 냄새로
다른 이의 감각을 말살시킬지 몰라도
그마저 사랑해 내 어둠으로 뛰어든
보잘것없는 찬란한 투신들.

문드러져 가도 말이 없어요.
지는 순간까지 사랑이었으니
후회 없었노라 말해요.

그래요,
나는 꽃.

당신의 부재와
내 세상의 종말은
같은 말이다.

목소리

새벽으로 나를 데려가던 경적.

내 마음 자물쇠에 꼭 들어맞던 마스터키.
형체 없이도 홀로 있는 방까지 데우던 온기.
감정의 고갈을 가장 빠르게 알린 경보계.

하루에도 몇 번씩 나를 죽이고 살리던
당신의 목소리.

때를 놓친 말

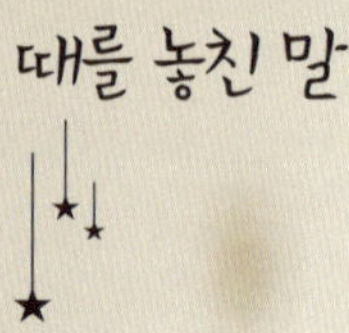

사랑한다고 말하는 내 입에서 죽은 냄새가 난다.

때를 놓쳐 부패한 말들이 슬프다.

여름날

가장 뜨거운 날에
너는 가장 차가운 목소리로
나를 얼리곤 했다.

현실과 꿈의 계절이 달랐고
너와 나의 체감온도가 달랐다.
너의 여름날은 나의 겨울날이었다.

가장 뜨거운 계절에
가장 서늘했던
연애,
혹은 연애도 아닌 어떤 관계 하나.

여름날에도 겨울의 바람은
하필 너에게서 불어와
적잖이 마음이 시렸다.

번짐

집으로 돌아가는 버스의 창문에
사소한 흔적을 남겼다.

입김을 불고 손가락을 세워
하트를 정성껏 그리니
그린 선을 따라
물방울이 번져 흉해진다.

네 눈에 사랑을 그리려고 했는데
자꾸 네가 옛 생각에 울어서
다 번져버린 게 생각나서

망가져가는 하트 모양 앞에서
눈을 뗄 수 없었다.

마지막

총을 쥐고 있는 것은 나였으나
당신이 나를 죽일 것 같았습니다.
나는 살기 위해 위협을 했지만
당신은 너무도 태연했습니다.

마지막이라는 말,
탄환이 총에서 날아갔습니다.

이런,
왜 앞이 아니라 뒤로 발사됐을까요.
왜 당신은 내 앞에서
여전히 무표정일까요.
왜 심장이 찢어지는 고통은
내가,
나만 감내해야 하는 걸까요.

도돌이표

숨이 턱턱 막히는 절정을 지나 도저히 견딜 수 없는 권태에 허덕이던 중에 마침 시야에 도돌이표가 보여서, 걸음을 꺾고 다시 처음으로 돌아가려 했어. 근데 그래 봤자 우리는 우리가 갔던 길을 그대로 다시 가게 되는 거잖아. 아, 저기 피네(fine)가 보인다. 되돌아가는 것은 한 번으로 충분하지. 이제 우리의 음악은 어쩔 수 없이 끝이 나겠구나. 나의 기억 속에서는 수없이 변주되겠지만, 그래 봤자 우리는 이 멜로디를 벗어날 수 없을 거야. 잘 가, 연주 끝.

수도꼭지

그만하자는 말로
너는 내 입을 틀어막았지만
한 방울, 두 방울
계속 거슬리게 떨어지는,
다 잠그지 못한 진심들.

외출

어디 갈 때는
간다는 말이라도 해달라고 했잖아.
이렇게 아무 말도 없이
오래도록 돌아오지 않으면 어떡해.

그래도 나
네가 언제 돌아올지는 모르지만
반드시 "다녀왔어."라고 말하며
내게 다시 올 거라고 믿고 있어.
그래서 마음 문고리는 잠그지 않았어.

날씨가 점점 추워진다,
어디쯤 있니?
널 기다리고 있는 나는 여기 있는데.

내일은 돌아와, 꼭 그럴 거지?

닫아줘

눈동자 속에 폭풍이 불고 있는 게 보여.
깊고 검은 파도가 출렁이고 있구나.
어쩌면 곧 나를 뒤흔들 말을 할지도 몰라.

닫아줘, 네 눈을.
감은 눈을 하고서 일단은
나를 조금 더 어루만져줘.

닫아줘, 망설이는 입도.
너의 폭풍이 상륙하면
꼼짝없이 폐허가 될 나를
그 누구보다 더 잘 알잖아, 너는.

닫아줘,
이별을 생각하는 마음을.
이별을 말하려는 마음을.

드라이플라워

거꾸로 매달아서라도
사랑의 맥박을 박제하고 싶었다.

당신을 만졌지만
바싹 마른 미소가
예쁜 갈색 먼지로 부서진다.

이제는 보내줄 때
아니, 버려줄 때다.

당신을 위해서
당신을 버린다고 되뇐다.

시작과 끝

닮았구나,
두 얼굴이.

많은 날을 함께 보낸
우리의 얼굴은
여전히 너무도 다른데.

그래,
서로에게 물들지 않았으니
더 쉬울 이별로 가자.

닮았구나,
시작과 끝.

동화

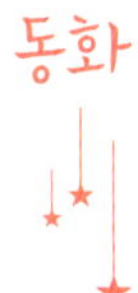

목소리를 잃고
물거품이 되어 소멸하고
뜨겁게 달궈진 구두를 신고
아주 먼 곳으로 사라져버린.

끝내 시간 속에 갇힌 채
영원히 얼어버릴
너는 나의 슬픈 동화.

마지막 장맛비

마지막 장맛비를 기다리며 나는 생각했다.

이 비가 그칠 즈음이면
너를 생각함도 잊은 듯 그치기를.
마를 날이 없어 늘
눅눅함이 남아 있던 내 뺨에도
간만에 해맑은 눈망울이 구르고 맺히기를.

저만치 먹구름이 밀려온다.
마지막,
정말로 마지막으로 단 한 번
울 준비를 한다.
나도 저 구름이 되어 비처럼 내려야지.

그동안 참으로 눅눅한 날들이었다.
너에게 젖어.

이제는 젖지 않을 것이다.

조울증

오늘 밤에는 내 방에
기록적인 폭우가 내릴 예정이지만
아무도 죽지 않을 거예요.
오늘의 나만 죽고, 내일의 내가
폐허를 헤치고 방문을 열며 나올 거예요.

잘 자요, 소중한 사람.
오늘 나는 죽어요.
내일 봐요.

기일

나의 이별은 사별이 아니었지만
그럼에도 우리의 마지막 날을
나는 당신 기일로 정하기로 했어요.

나에게 다정한
나에게 웃던
나를 욕망하던
나를 좋아하던
당신의 모습은

사랑했지만,
당신은 죽었어요.

여름 어드메에
멋대로 정한 당신의 기일이 있어요.
그리고 비석처럼 남아
당신 묻었던 가슴께를 지키는
아직도 미련을 사랑하는
죽지 못한 내가 있어요.

상 흔

가장 불안하고
처절했던 시절의 상흔은
잠깐의 행복으로
지울 수 있는 게 아니다.

이상한 계절

들숨이 맵고 날숨이 저릿해서
쿵쿵 가슴이 울리다
문득 눈시울이 뜨거워
어쩐지 이상한 계절이라 생각했지.

이 체감의 시작이
네가 떠난 시점에 닿아 있다는 것을
부정하고 또 부정하고.

평전

잠깐 스친 인연으로
수많은 페이지를 적어낼 수 있는
방대한 분량의 마음을 얻었다.

이제는 당신이 들춰보지 않는,
내가 기억하고 기록하는 당신의 이야기.

나의 사랑, 나의 이별

줄을 그을 수 없어도 위시리스트를 쓰는 일.
그러다 우울이 나를 찢어발기는 날
모두 찢어버리는 일.

막연한 미래에 젊음을 몽땅 거는 일.
그러다가 본전도 찾지 못한 채
허겁지겁 파산 선고를 내리고 도망치는 일.

나에겐 그게 사랑이자 이별이었다.

늦은 깨달음

지속적으로 속삭여주던 "사랑해."라는 말은

왜 꼭 당신이 과거 속으로

도망친 뒤에야 다시 반짝일까.

나는 괜찮다

만나는 동안
최선을 다해 감정에 솔직했고
성의 있게 표현했다.

나는 분명 잘 사랑했다.
다만, 당신이 그런 걸 싫어했나 보다.

어쨌든 나는 행복했고
그러니 괜찮다.

반대로

손이 차가우니 잡아달라는 말을 사실대로 하지 못해 집에 빨리 가고 싶다고 했어요. 당신이 얼굴을 들이미니 두근거려 얼굴에 열이 올랐다는 말을 사실대로 하지 못해 여긴 너무 덥다고 했어요. 그 언제라도 나만이 당신과 함께 있고 싶다는 말을 사실대로 하지 못해 누구도 당신을 사랑하지 않을 거라고 했어요. 당신의 숨이 심장을 쿵쿵 두들겨 대서 행복하다는 말을 사실대로 하지 못해 한없이 입이나 다물고 그저 하염없이 안겨만 있었어요. 가지 말라는 말을 사실대로 하지 못해 가라고 했어요. 그래, 차라리 당신이라도 행복하라는 말을 사실대로 하지 못해 당신은 영영 불행하게 살라고 했어요. 당신을 참 많이 좋아했는데 난 반대로만 말하곤 했어요. 이제 들릴 리도 없지만, 이제야 말하려고 해요. 아주 많이 좋아했어요. 지금도 좋아해요. 당신이 그리워요. 나는 당신이 필요해요. 돌아와줘요. 이것만은 모두 지금의 내 진심이에요.

지박령

과거에 매여 있는 나는
새로운 계절로 가지 못하겠지.
새로 돋아난 슬픔으로
푸른 봄에서 한참을 떠돌겠지.

나는 당신에게 붙잡혀
어중간한 과도기에 발이 묶여버렸다.

많고, 많고, 많다

연결고리 하나 없었던 듯
단절된 두 개의 섬으로
모르는 척 돌아가기엔
이미 우리 사이에 놓은,
시간과 사람과 기억으로 만든 다리가
없앨 엄두도 나지 않을 만큼
많고,
많고,
많다.

앓음을 이어가고 있습니다.
어느 해에 낯선 이가 건넸던
잠깐의 봄을 삼켰더니
그 후로 여태껏 잊을 만하면 탈이 납니다.

여름의 더위도 먹어보고
겨울의 한기도 마셔봤지만
언제나 아랫배를 울리는 통증은
그리움이라는 애매한 병명만 알지
누구도 치료할 수 없었습니다.

울혈마냥
울음은 목울대에 고여 빠지질 않고
자주 목이 메 말을 아낍니다.
결국 또 편지를 씁니다.
당신이 필요해요.
힘주어 적어보곤 즉시 찢습니다.
앓음을 이어가고 있습니다.

사랑 비슷한 거

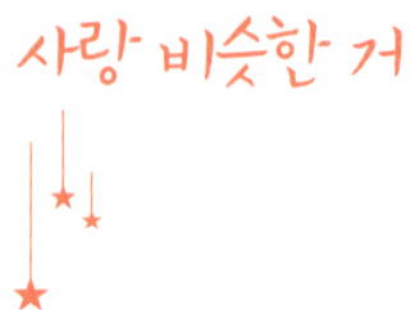

사랑 비슷한 걸 해보자고 꼬드긴 건 너인데
사랑 비슷한 걸 했다고 지금까지 미안해하는 건
왜 네가 아니라 나여야 할까.

곰팡이

닦아내도 닦아내도
지워지지 않는 자국은
여전히 내 마음이 습한 탓일까.
아직 당신 보낼 때의 눈물이
잊을 만하면 계속 흘러서일까.

제습에는
강력한 사랑 한 통이 그만인데
나 어디 가서 사랑을 구해올까.

마음에 곰팡이처럼 핀 우울은
오늘도 닦지 못해 그대로 두고
그렇게 내 하루는 또 습하다.
퀴퀴한 냄새가 난다.

빛났고, 밝혔고

나는 네가 나에게 닿아온 순간부터 너를 밝혔지만, 나를 발칙하게 만들어 놓고 너는 정작 점잖은 척을 하며 그건 죄악이라고 일렀지. "욕망할 수 없는 사이야, 우리는." 너는 말했지만 사실 네가 가르친 욕망이었잖아. 너는 기이하게 빛났고, 나는 그런 너를 밝혔고, 다만 나 하나 사라져도 너는 끝까지 빛났고. 그랬지, 그랬어.

허울 좋은 변명

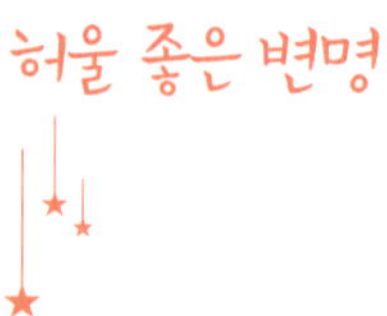

"너를 위해서야."라고 말했던
네 말이 정말 진실이라면
어째서 나는 지금
깨진 마음의 조각을 찾아 헤매다
눈물을 쏟고 있는 걸까.

무교의 기도

언젠가 죽기 전에
이루고 싶은 소원 하나 있어요.
한때 너무 사랑해서 죽고 싶을 정도였던
그 사람을 한 번만 꼭 만나고 싶어요.
만나면 그 자리에서 붙잡아
입술이 퉁퉁 붓도록 때려주고 싶어요.
그 입술로 시작된 이야기가
오래도록 내 혈관을 떠돌아서
자다가도 심장이 빨리 뛰어 깨곤 했어요.
그렇게 떠나보낸 밤이 한둘이 아니었어요.
그러니까, 정말로요 하나님.
그 사람이 너무 보고 싶어요.
(기독교 신자는 아니지만) 아멘.

저주이자 예언

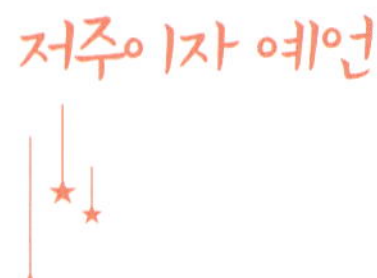

내가 너보다 모자란 사람이라
네 앞에서 나를 낮췄던 게 아니다.
나는 너를 사랑했기 때문에
자랑하기 좋아하는 네 앞에서
나를 낮췄을 뿐이었다.

모른 척했던 많은 것들에 대해
사실 너보다 잘 알고 있었고,
얕은 지식을 자랑하는 네 행동을
가끔은 콩깍지로도 감당하기 어려워
힘들어하던 날도 있었다.

너만 몰랐던 사실이 있다.
나는 누가 봐도 너보다 잘난 사람이다.
네 인생에 이제 나와 인생의
한 순간을 겹친 적이 있었다는 사실보다
더 놀라운 일은 생기지 않을 거다.

이건 저주임과 동시에
명백한 사실이며 예언이다.

불행을 줄게

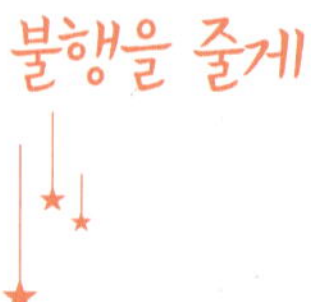

네 인생이 유독
꼬여가고 있다는 느낌이 들면
나의 기도가 통했다고 생각해.

내 행운을 환전해서라도 나는
네게 불행을 선물하고 싶었어.
넘치도록.

세상에 말하지 못했다는 이유만으로 너무도 쉽게 폐기된 우리라는 이름. 원래라면 한 사람은 '우'를 가지고 다른 사람은 '리'를 가지듯 그동안의 기억을 정확히 반 갈라서 나누어 가지고 돌아섰어야 했는데, 너는 어떠한 것도 갖기를 원하지 않았기에 나는 우리라는 단어를 통째로 가슴에 가져왔다. 너의 몫까지 내가 사무쳐야 하기에 이제껏 잊지 못하며 밤잠을 뒤척이고, 가슴을 뒤적여보고 싶다는 말을 게워낸다.

묘비명

나 만약 죽으면
내 묘비명엔 당신의 이름을 적어줘.
당신이 내 삶, 그 자체였으니까.

쓰레기

너에게 묻고 싶었지만
마음속에 묻어둔 수많은 질문들이
땅속에 묻어둔 쓰레기처럼 느껴진다.
이젠 쓸모도 없는데 썩지도 않고
한 백 년은 갈 것 같아서.

헐거워지다

한 번 펼쳐 든 책은 티가 난다.
꽉 닫혀 있던 낱장들이
조금씩 헐거워진다.

당신이 몇 번 뒤적여보다
팽개치고 가버린 내 스무 살이
헐거워진 채 세상의 구석으로 쓸려갔다.

아무도 펼쳐보지 않은 채
앞장에 먼지만 내려앉아
당신 없는, 이 구석까지 쓸려왔다.

비참해지는 정도가
얼마나 사랑하는지를
보여주는 척도인 줄로만
알던 시절.

무덤

아름답게 젊던 나와 서서히 늙어가던 네가
한 시절을 발을 맞춰 걸었다.
너는 변함이 없는 얼굴로 저만치 앞서가는데
내 얼굴엔 네 나이만큼의 그늘이 졌고
늘 같은 곳을 벗어나지 못해 제자리다.

안녕하세요

붙어 있다 떨어지며 찢겨나간
두 마음의 살결 조각들 위로
살얼음이 얼던 겨울이 가고
서로가 곁을 비워둔 채
거짓처럼 봄이 온대도

안녕하세요, 당신.
잊은 듯 잘 지내세요.
나는 안녕하지 못해도
안녕을 물어요.
그리고 빌어요.

그리움

대상에게 말할 수 없고,
그렇다고 삼킬 수도 없는 단어.
그러니 적는 쪽을 택해요.

불특정 다수를 향해 적지만
적어도 이 편지만큼은
당신이 받았으면 좋겠다고
생각하고 있어요, 아주 많이.

그리워요.
그리움이 짙어요.

청춘의 악취

예전에 썼던 일기들이 나를 울게 만든다.
어쩜 내 관심사는 그때나 지금이나
사랑밖에 없는 걸까.
보답 받지 못했던 마음이 곪아버려
내 청춘에선 악취가 가시지를 않았다.

그해 여름

여름이라고 써 붙였지만
사실 마음은 여름이 아니라
늦가을에서 겨울로
접어들기 시작했던 날들.

맨살을 비벼도 가시지 않던 한기에
벌벌 떨며 발작하듯
당신의 이름을 불렀던 날들.

사람이 많던 해수욕장에서
아무도 없는 것처럼
외로움에 빨대를 꽂아 마시던 날들.

당신의 존재조차도
종말을 고하기 직전에
가장 다정했던
그해 여름.

나 빼고는 모든 것이
모순적이었던
그런 날들.

보라색

정열적이었다 하기엔 일 퍼센트 정도의 뜨거움이 모자랐고, 냉정했다 하기엔 우리가 맞닿던 순간의 온도가 결코 무의미하지 않았다. 꼭 보라색 같았다. 뜨겁지도 차갑지도 않은 색. 빨강과 파랑의 딱 중간. 어중간해서 늘 나를 불안 속에 살게 만들었지만 그럼에도 어느 쪽에도 속하지 못한 온도였기에 만들어지던, 내 생에서 아마 다시 볼 수 없을 오묘한 색의 사랑.

미어캣처럼

미어캣처럼 서서는
언제 올지 모르는 당신을 경계한다.
과거의 망령이 몰고 오는 우울을
경계한다.

당신과 살아냈던,
나를 살렸던 하루들이 과거형이 되어
나를 죽이려 다가오는 나날을
경계한다.

사랑이 마른 감정의 사막에
배수진을 치고 서 있다.

끝없는 당신을 경계한다.

어쩔 수 없이

네가 가장 좋아하던 니트를
몇 번이고 세탁기에 돌려도
기억까지 세탁되진 않아서
그 옷만 입으면
어쩔 수 없이 네 생각을 해.
어쩔 수 없이 사랑에 빠졌던 그날처럼.

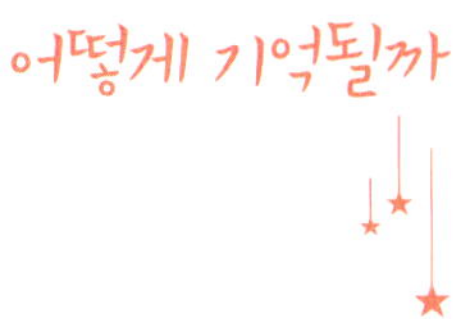

기억이라도 날까?

하긴 첫사랑도 기억 안 난다는 사람이
나를 기억할 리가 없다.

다만 그 시간, 그 자리엔 언젠가
생의 전부를 당신에게 내던지겠다고
생의 찰나에 어리석은 결심을 했던
누군가가 있었다는 사실만

기억해다오.

무장해제의 순간

"너 아직 그 사람 못 잊었지?"
친구가 내게 다짜고짜 묻기에
한 시간 동안 네 험담을 했다.
친구는 가만히 이야기를 들어주었다.

숨이 차서 커피 한 모금 마시는데
친구가 내게 가만히 물었다.
"너 아직 그 사람 못 잊었지?"

그 말이 목에 걸리고 말았나 보다.

가만히 무너져내렸던,
한참을 고개 묻고 울었던
무장해제의 순간.

빈집털이

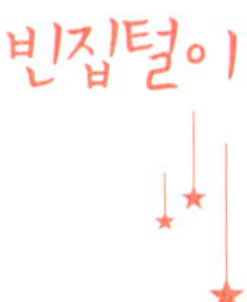

누군가 했더니 또 너로구나.
아무도 살지 않는, 아니
아무도 살지 못하는 마음에
기척 하나 내지 않고 들어와
온통 헤집고 또 가는구나.

나는 폐허야.
네가 오지 않았대도 무너졌을,
그럼에도 네가 와서
더욱 처참히 헤쳐진 빈집.

기어이 나를 뒤지겠다면
기어이 나를 망가뜨리겠다면
그래, 차라리 너라면

나 기꺼이 눈을 뜨고도 당할게.
네가 나를 파멸시키는 모습을
눈을 감지 않고 영영 지켜볼게.

첫눈

창문가에 내려 쌓이는 눈들이
하나하나 모두 당신이었다면
마냥 저렇게 차가워도
하얀 그 얼굴이 좋아서
꼭 끌어안고 말았을 텐데 말이에요.

도수가 낮았나

문득 괘씸해졌다.
누구한텐 취한 척을 하고는
보고 싶다고 연락도 했으면서
나한테는 끝까지 제정신이었다는 사실이.

내가 너를 취하게 만들지 못한 잘못이겠지.
내 입술은 도수가 약했나 봐.
누굴 탓하겠어.

다만, 그냥 좀 괘씸해서.
혹은 섭섭해서.

하룻밤의 헛소리

많이 웃었던 건 사실이야.
응, 잊지 않았어.
행복이 흘러넘치다 못해
펑 터져서 까르르 웃던 날들.
나와 당신 사이에도 있었지.
알아, 기억해.
그래서 가끔 취기 올라오듯
헛소리도 하고 그래.
내일 아침이면 고개를 갸웃거릴
오늘 밤 한정 헛소리를 해볼게.

좀 보고 싶고 그래.

야경

당신과 걷던 그 밤의 거리에서 아무도 모르게, 심지어 나조차도 모르게 울고 있었나 봐. 당신과 함께 걷던 순간엔 너무나 행복하다 생각했는데, 이대로 죽어도 좋다고. 그러니 내 시간을 지금 이대로 멈춰달라고 보이지도 않던 별에다 쓸데없이 간절함을 걸어두기도 했는데.

얼마 전, 잠이 안 오는 밤에 그 거리를 다시 갔더니 내가 흘렸던 눈물들이 내 눈에만 보이더라고. 아직도 마르지 않은 채 지나가는 사람들에게 밟히면서도 빛을 발하고 있어서 선명하게 알아볼 수 있었어. 종말을 맞이한 지 오래인 사랑의 파편들.

아직도 그날 마셨던 달콤한 칵테일 향이 입술에 남아 있는 듯했어. 청록색 향기일까? 초록색, 그리고 파란색 분자들은 우리 입술 위에서 미끄러지듯 섞이고 스미었겠지. 아직 소화를 못 시켰나 봐. 계절이 그동안 몇 번이 바뀌었는데도 말이야.

얼마나 많은 계절이 가야 당신의 향기가 세월에 희석되어 더는 머리를 찌르지 않을까.

빛나는 눈물들은 분주한 거리에서 크리스마스 장식용 불빛처럼 아롱거리고 있었고, 나는 우리가 언젠가 손 꼭 잡고 비틀대며 걷던 거리를 한참 보고 있었어. 그날처럼 하늘에는 별이 없었고, 달만 혼자 외로웠어.

향수병

공병이 욕실 선반에 서 있다.
뿌려보면 이름 모를 향수 냄새가 나는
그저 향수 냄새가 나는
병.

나는 그냥 병에 걸린 거다.
고향의 냄새를 감지할 수 없는
병에라도 걸린 게 분명하다.

납골당에 다녀온 뒤로는
영원히 고향에 갈 수 없게 되었다.
어느 별로 가버렸나, 당신.
내 고향은 이제 알지도 못할
지구 밖 어딘가가 돼버렸다.

낯설고도 익숙한 향수병이 깨지고
당신의 품 안에서 보낸 시절이
왈칵 쏟아진다.

네가 내린 날

망가진 목걸이의 진주들처럼
눈이 요란하게 쏟아지던 날.

너는 곁에 있을 애인의
빨갛게 언 손을 잡아줬겠지.
하얀 입김으로 녹여주며
눈처럼 녹아들 영원을 속삭였겠지.

나는 그런 네 모습을
갑자기 상상해버리곤
온 하루가 폭설이라도 내린 듯
새하얗게 덮여 막막했지.

당신 살던 집

동네에 딱 내리자마자 보이던 과일가게는 아직도 장사하고 있을까. 당신과 팔짱을 끼고 걷다 누가 먼저랄 것도 없이 시선을 낮추어 한참을 바라봤던 삼색 고양이는 지금도 살아 있을까. 집으로 가는 길목에 있던, 이름 모를 거대한 나무는 여전히 하늘에 푸르른 잎사귀를 잠그고파 오늘도 가지를 뻗고 있을까. 풀숲의 초록빛은 올해도 돋아나 가끔 부는 여름 바람에 몸을 맡길까. 우리를 보고 좋아 보인다며 연인이냐고 묻던 동네 아주머니는 건강히 잘 계실까. 그 집에는 아직도 당신이 살고 있을까. 당신의 기억 속에는 아직 그날의 내가 살고 있을까. 만약 그렇다면 혹시 가끔은 당신이 내가 사는 추억 속에 들렀다 갈까. 당신은 아직도 누군가를 사랑하지 못할까. 당신은 아직 내가 알던 당신일까. 여전히 당신은 사랑스러울까.

당신 살던 집에 다시 한 번 가도 될까, 나.

몰라

몰라, 나에 대해 묻는 지인의 말에 대해 너는 이렇게 대답했지. 몰라, 나는 너한테 대체 뭐냐던 질문에 너는 이렇게 대답했지. 몰라, 우리의 미래가 어떻게 될지 묻던 나에게 너는 이렇게 대답했지. 몰라, 우리는 사계절 한 바퀴를 함께 돌 수 있을까 묻던 나에게 너는 이렇게 대답했었지. 몰라, 이상야릇하던 그 봄에 하필 나에게 입을 맞춘 의미를 물으면 너는 이렇게 대답하겠지. 몰라, 몰라, 몰라.
존재를 부정당한 밤, 나에 대해 묻는 지인의 말에 대해 네가 했다는 대답 두 글자를 이제야 듣고 단지 두 글자가 메아리처럼 꼬리가 길어져 심장을 쿵쿵 두드려 잠 못 이루는 밤. 몰라, 나는 몰라. 내게 남은 너의 흔적을 세는 이유를 몰라….

몇 발자국을 걸으면

몇 발자국을 걸으면
당신 있는 곳의 반대편으로 갈까요.

몇 발자국을 걸으면
당신 마음에 내 마음 닿을지
혼자 진지하게 생각하던 때 있었어요.
끝내 닿지는 못했지만요.

걷는 것도 모자라 나중엔
죽을힘을 다해 뛰었는데도
끝내 당신 마음을 못 보고
내 마음이 먼저 쓰러졌지요.

몇 발자국을 걸으면
당신 있는 곳의 반대편일까요.
걷는 거로는 불가능일까요.
그럼 비행기를 타고 떠날까요.
아예 우주선을 타고 떠날까요.

평생 사고를 당하지 않을 확률보다도
우리가 다시 부딪칠 확률이 적으려면
당신 계신 곳 반대편으로
아니,
아예 당신 없는 다른 세상으로 갈까요.

과거에 전화를 걸고 싶은 날

날아오르는 기분으로 술을 마시다
취한 척을 하고 연락이나 해볼 옛사랑 하나
남겨두지 않았다는 사실이 서글펐어.

아닌 척 다시 건배사를 읊었지만
가끔 그리운 날은 있었고
그런데도 전화번호는 기억이 안 나.
메신저로 전 애인 안부를 묻기는
영 낭만적이지 않은 느낌이라
늘 관두곤 했지만.

한 번쯤 전화는 걸어보고 싶었어.
잘 지냈냐는 말은 낯설어서
잘 지내지 말라고 대뜸 건네고 싶었어.
전화번호를 잊어버렸으니
이젠 정말 어쩔 수 없지만

가끔 그리워,

그렇다고 보고 싶지는 않아.

그런데도 그 언젠가 말이야.
만약 내 전화가 온다면 받아주지 않겠니.
내가 먼저 전화를 끊어버리겠지만
그렇게 해주지 않겠니.

친구와의 하룻밤

그러니까 내가 너에게 한때 몰래 네 전 사람과 만났노라 고백한 적이 있었지. 우리는 어느 밤에는 어둠 속을 지나며 술잔을 나눴지. 구구절절 변명의 필요성은 느끼지 못했지. 너도, 나도. 그랬지. 가장 최근의 애인들에 관해 이야기하며 달콤하고 짠 과자에 새콤하고 쓴 술을 마셨지. 어른인 척도 해보았지만 이미 둘 다 제정신은 아니었기에 웃다가 한탄하다 웃다가 한탄하다를 반복했지. 술에 취한 척 옛 애인에게 전화라도 걸고 싶었지만, 그 누구의 번호도 기억이 나지 않았지. 그래서 그냥 웃다가 울컥하기도 했는데 그냥 계속, 계속 웃기만 했지. 즐겁기만 한 척을 했지. 즐거웠던 건 사실이지만 조금은 서글펐던 수다로 가득 채웠던, 외롭진 않았지만 외롭기도 했던 우리의 밤이었지.

유일하게 미안한 것

여전히 널 잊지 못해서 미안해.
그리고 내가 이번 생에
너한테 미안할 건 그게 전부야.

아무개에게

네가 언젠가 나보고
그냥 이름으로 불러달라고 했었잖아,
그거 못 불러준 게 요즘에서야 좀 많이 후회돼.

나보다 나이가 많아서 도저히
그냥 이름만 못 부르겠기에 점잔을 뺐었는데
눈 딱 감고 한 번이라도 불러줄 걸.
정말 사랑했으니
사랑했던 네가 원하는 대로 불러줄 걸.

그냥 그런 건가 봐.
이제야 너에게 못 해준 것들에 대해 생각하고
이제야 너에게 못 해준 것들이 생각나서
걸신들린 듯이 미련을 집어먹다
게워내기 일쑤인 요즘이야.

이제야,
이제야 나는 그래.

미련과 망각 사이

며칠을 앓다가 손을 뻗어
당신의 무의식에 전화를 걸었다.

당신의 음성을 몇 알 받고
눈물을 한 컵 받아 함께 삼켰더니
조금은 열이 내리는 기분이 들었다.

당신의 손이 내 이마를 짚어주는
그리운 꿈을 꾸다가 깨어나
조금 울다
또 잠들기를 반복하다
다음날 오후쯤에 자리에서 일어났다.

자주 가슴이 미어지는 병에
걸리는 건 단지 지금
미련과 망각 사이의
환절기를 지나고 있기 때문이라고
굳게 믿기로 했다.

잘 잊고 있어요

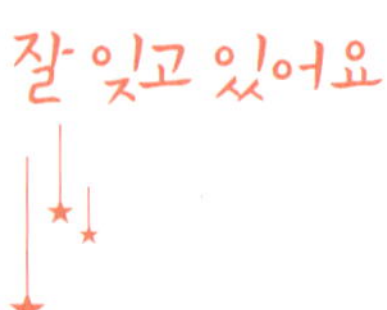

당신, 잘 지내고 있나요.
나를 잘 잊고 있나요.

이젠 어떠한 연결고리도
찾을 수 없는 걸 보니
잘 지내나 보네요.

잘 지내요.
잘 잊어요.

잘하고 있어요.

기억에 첫눈

하얗게 내리고 서리어
사르륵 녹아든다.
차갑지만 아름답다.
그건, 눈
혹은 당신의 속성.

내리는 눈일까,
하얀 별이 쏟아지는 것일까.
혹은
하나하나 모두
부서진 당신 조각들이
이제야 펑펑 내리는 걸까.

눈 내린 새벽
제일 먼저 발자국 남기던
당신은 어김없이 나의 기억에
다시 첫눈으로 내린다.

감상문

물러나는 새벽 풍경이
내 방 창문에 상영되는 걸
멍하니 보고 있다.
마지막 남은 한 조각의 마음으로
소감마냥 써내려갔지.
널 앓던 아픈 어둠이
드디어 끝났구나.

다음에

다음에,
이 단어로 시작하는 당신의 문장은
열에 아홉이 이루어지지 않았다.

하루는 당신이 시간의 모퉁이에
나를 앉혀두고는 속삭였다.
다음에 다시 만나,
당신은 내게서 멀어졌다.

나는 당신이 건넨 달콤한 말을
최대한 아껴 먹으며
그림자가 키보다 길어질 때까지 기다렸지만
당신은 지금까지도 오지 않았다.

다음에,
오래도록 아껴 삼키던
당신이 남발하던 그 단어가
목에 걸린 채 부어올라

이번 생에선 자제하자 마음먹은 단어,

다음에.

백지

당신 위엔 결국 내 이름 석 자조차 적지 못했다.
끝내 당신은 내게 무엇도 기록할 수 없던 백지로 남았다.

아직도 당신은 하얗게 비어 있는가.

나의 설리번

손목이 지금보다 조금은 더 가늘었던 시절에 너는 내 손목뼈를 따라 손가락을 움직여보곤 했지. 작은 손목도, 손도 신기하다며 한참이나 만져보곤 했지. 손목을 타고, 손가락을 타고 내게로 굴러오던 네 시선에 나는 영문도 모른 채 얼굴이 붉어지는 일이 잦았는데 그게 나중에야 사람들이 사랑이라 부르는 감정이었단 걸 알았지. 사랑을 아는 데 한참이 걸렸지만 내가 사랑을 알기 이전에 사랑을 손에다가 눈빛으로 또박또박 써서 주던 네가 있었지. 나는 감정에 있어서는 문맹이었기에 그게 못내 안타까웠지.

어떤 사람 A

나에게 너는 개명을 한대도 평생
한때 스쳤던 남자 A의 이름으로 기억이 될 것이다.
너의 이름이 나의 기억 속에서 변하지 않듯이
너를 나의 사랑이라고 불렀던 시간도
변하지 않고 그대로 남을 것이다.

아마도 이것만은 영원의 일이 될 것이다.

달, 당신의 마음

당신의 마음이 달 같았다면
차라리 우리는 조금 더 행복했을까.
달은 이울다가도 언젠가 반드시 차오르지만
이울기만 하던 것이 당신 마음이었기에.

밤이면 시간 속에 두고 온 당신의 눈썹이
초승달로 내 하늘에 떠오른다.

이울어갈 일만 남은 기억.
당신과 나 사이에 보름은 없을 것이다.
기적은 없을 것이다.

오월의 눈썹달로부터 멀어진 십일월

내 입술에 당신의 눈썹달이
일렁이던 오월을 기억해.
대략 여섯 달의 거리만큼
당신을 등지고 걸어온 지금,
우리는 지구 반대편에 있는 것처럼
서로를 듣지 못하는구나.

마침표

나는 네 앞에서 엎질러져
한 시절의 마침표로 남았다.
그 누구도 치우려 하지 않았기에
나는 지금까지도
네가 있던 시절 앞에 엎질러져 있다.

유성우를 보며

별에 소원을 빌고 싶던 밤에는
우리가 더 잘 지낼 수 있기를
빌고 싶었던 것 같은데,
다시 돌아온 유성우의 계절에
너는 나와 정반대 방향에 있구나.

끝내 빠른 낙하속도에 싣지 못했던
소원의 파편이 여전히 마음에 남아서
아직도 이토록 어지러운가, 혹은 아릿한가.

어쨌든, 나는 그렇게 어젯밤을 살았어.
그렇게 별이 떨어지는 것을 봤어.

다시 가을

거리에 마른 잎이 떨어지기 시작해도 언제나처럼 손을 꼭 잡고 거닐기. 우리가 처음 만났던 날에 입었던 옷을 서로가 다시 입고 만나기. 환절기 감기가 무섭다며, 아직은 덥다는 당신에게 억지로 목도리를 둘러주기. 하늘이 예쁘게 파란 날, 김밥과 유부초밥을 싸서 소풍 나가기. 사진도 많이 찍기. 따뜻하고 달콤한 핫초코 두 잔을 시켜 구분 없이 아무 컵이나 들고 한 모금씩 마시기. 올해 첫눈은 당신과 보고 싶다고, 첫눈이 오는 순간 눈처럼 녹아버릴 짧은 소망에 관해 얘기를 나누기. 그러면서도 함께 바라보고 있는 지금 이 가을의 시간이 너무도 좋다고, 숨기지 말고 말하기.

함께 보았던 영화를 한 번 더 보기. 그러다가 엔딩 크레딧이 올라가면 짧은 키스를 몇 번 나누기. 혹은 하룻밤 길이의 키스를 나누기. 함께 보았던 영화처럼 다정한 시간을 호흡하기.

… 언젠가 당신과 이런 것들을 하고 싶어 했던 그 계절이 왔다.

어느 겨울

손이 시리다고 하면
굳이 그 찬 손으로
내 언 손을 잡아주던 겨울날,
꽤 오래전을 기억한다.

첫눈을 함께 맞으면
사랑이 이뤄진다고는 했지만
사랑을 지속하는 일은
미신의 관할 영역이 아니었나.

빨갛게 부었던 손이
자꾸만 아른거리는 밤엔
그때 우리 두 사람 손처럼
빨갛게 두 눈이 붓는다.

사랑 영역 가채점

동그라미.
가위.
가위.
가위.

이러다 생이 끝나는 날.
사랑 영역 성적표에는
낙제점이 찍히게 생겼다.

모의채점을 해보며
손가락을 꼽으며
만났던 애들 이름을 떠올리지만
글쎄,
다 내가 좋게 못 푼 문제들
으이그, 골칫덩이 새끼들.

하얗게 비워놓은 문제에
가위표를 과감히 치려다

지문에 나온 이름에 멈칫한다.
너무 사랑해서 아무것도 쓰지 못하고
백지로 내버린 너라는 문제.

부정행위라도 저질러
너와 사귄 적이 있었다고
거짓말이라도 칠까 하다
천국은 못 가도
연옥이라도 가고 싶은 나는
할 수 없이 가위표를 긋는다.

언젠가, 있었던

조심스레 안부를 묻다 얼굴 붉히고
서로를 생각하며 긴 밤을 밝히던

쓴 커피를 마셔도 달콤하고
단 커피를 마시면 더 달콤하던

사랑한단 말은 듣지 못해도
좋아한단 말에 얼굴 환하던

우리.
언젠가, 있었던.

최초의 반항

잊으라 하기에 잊었다.
다 잊어 놓으니 왜 그랬느냐고 묻는다.
다시 마음에 걸려 잊지 못한다고 하니
또다시 이젠 자신을 잊고 잘 살라고 한다.

어떤 말에 따라줘야 할까 생각하다
자기 좋을 대로 이끌던
지난 당신의 모습이 떠올라
이제는 어떤 말도 듣지 않기로 했다.

모든 것이 최악이었던 하루임에도
그 하루의 끝에 너를 만났다는 것만으로
자기 전에 '오늘은 최고의 날이었다.'고
일기장에 쓸 수 있던 때가 있었다.

어른과 별똥별

별님, 저는 이제 당신의 꼬리에 소원을 매달지 않기로 했어요. 재작년 여름에 그 사람의 마음을 달라고 빌었는데 결국 그는 나를 사랑하지 않는다며 붙잡을 틈도 없이 가버렸거든요. 속설에다 안간힘을 다해 꾹꾹 새겨 적던 소원이 나를 비웃듯 오늘, 하늘에선 다시 별들이 쏟아져 내리네요. 별님, 이제 당신이 들어줄 수 없는 소원도 있다는 걸 아는 어른으로 나는 자랐어요. 그렇기에 나는 이제 더 빌 것이 없네요.

내가 그리운 사람은

나는 A의 세심함만을
B의 수줍음만을
C의 익살스러움만을 그리워한다.

그래서 내가 그리워하는 사람은
이 세상에 존재하지 않는다.

시큼한 추측

언젠가의 나는 당신의 어느 시간, 어느 장소에나 있었겠지. 잠깐 당신의 머릿속을 유영한 적도 있었겠지. 당신이 무슨 생각을 하는지 또렷이 알 수 있었던 적도 있었겠지. 잠에서 깬 당신이 악몽을 꿨을 때도 협탁에 놓여 있던 내 작은 기도가 당신의 머릿속으로 들어가 수면제처럼 번져 든 때도 있었겠지. 나와 연락이 안 된 날은 불면이고, 나와 하루 종일 연락한 날은 행복한 고단함이던 때도 있었겠지. 내가 당신 안에서 개헤엄부터 시작해 자유형, 배영, 평영, 접영까지 마음껏 선보이던 날도 있었겠지.

끝내 나에게 말하지 않았어도 괜찮아. 어차피 지난 일에 대한 얘기잖아. 이제 와서 말하지 않아도 괜찮아. 그냥 묻어두자. 이제는 직감적으로 아니까. 인생에 아주 잠깐이라도 나로 인해 당신 머릿속이 온통 소란스러워 웃었던 순간이 있었다는 걸 이제는 나도 잘 아니까.

효 율

그 누구의 말
백만 번과 위로한다도
그냥 네가 한번
와주는 게 효율적이야
내 세상에선 그래.

원인

그냥 당신이 하필 내 청춘의 입구에 안내원처럼 서 있었고, 나는 그런 당신을 안내원인 줄로만 알고 쫄래쫄래 따라갔다가 막다른 길을 만났을 뿐이지.

어디 쓸 데도 없겠지만 굳이 내 한 시절에 가위표가 엎질러진 원인을 찾자면 그건 하필 당신이 그날 시계 앞에 기대 있던 모습이 마치 이정표처럼 보여서, 하필 내가 그날 눈이 흐릿해서 당신이 온 우주의 찬란을 다 끌어안은 듯 빛이 나서였다고 해둘래.

해명하려면 나를 찾아와.
뒤늦게 사랑 말고, 해명을 하려면 말이야.

그림

꿈을 표현하던 수단이 그림이었던 적이 있어. 그때 나는 영원히 이룰 수 없을 것만 같던 것들을 그림으로 그리곤 했지. 하지만 진로를 바꾸고, 어른이 되면서 그림을 그리는 빈도가 줄었어. 이룰 수도 없을 일들을 상상하는 게 바보처럼 느껴져서는 아니었을까.

어느 날 문득 너와 나, 그러니까 우리를 그려보고 싶었어. 우리가 곧 헤어질 것 같다는 생각을 했던 날의 일이었지. 나는 새하얀 종이를 펼치고 나를 먼저 그렸어. 그리고 너를 그리려고 했는데, 나와 비율이 맞지 않더라. 지극히 내 중심적인 비율의 그림이 되었고 나는 심지어 완성하지도 못했어. 현실과는 다르게, 우리가 다정한 모습을 그리려 했기 때문일까? 그림은 실패작으로 남았고 나는 한동안 또 그림을 그리지 않았어. 그림은 그렇게 잘 쓰지 않는 스케치북 속에 잠자고 있었지.

얼마 못 가서 우리는 헤어졌어. 난 너를 잊고 한참을 살아갔지. 그러다 며칠 전에 그때 그렸던 그림을 발견했어. '우리의 관계는 지극히 나에 맞춘 비율로 그린 그림 같은 게 아니었을까.' 하는 생각을 했어. 원하는 나를 예쁘게 그려

둔 뒤 그제야 너를 그려 넣으려 해서, 그래서 원래 모습의 너와 내가 원하는 너 사이를 메울 수 없었기에 우리의 그림은 영원히 미완성으로 남은 것이 아닐까.
서툰 솜씨로 채워나간 수십 개의 스케치북 속에 빛은 바랬지만 예쁜 꿈들이 반짝반짝 남아준 것처럼 너도, 더는 기억 위로 덧칠을 할 수는 없게 되었대도 내 그림 속에 미완성으로나마 그렇게 남아준다면. 아프지 않게, 조금 흐릿하지만 가끔 생각이 나면 펼쳐볼 수 있는. 그렇게 남아준다면.

FOOD MENU
ビールとソーセージ
スペシャル!!
500円

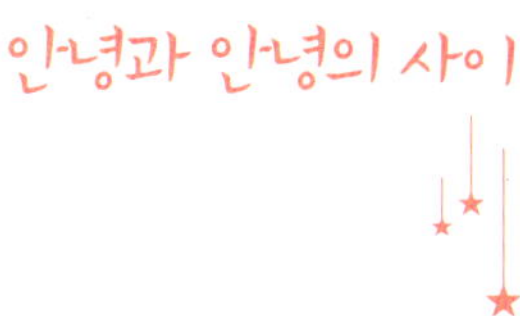

안녕과 안녕의 사이에서 벌어진 일들이
첫 안녕과 끝 안녕의 발음을 다르게 했다.

첫 안녕,
다른 마음 없다는 걸 보여줄 수 있도록
무겁지도 가볍지도 않게.

중간은 생략.
이러저러해서 행복했다가
이러저러해서 불행했다가
어쨌든 그랬다가.

끝 안녕,
아무 마음 없다는 걸 보여줄 수 있도록
무겁지도 가볍지도 않게.

같은 두 단어 사이에 있었던 일은
이제는 나만이 안다. 나만이 오롯이 안다.

후회와의 동거

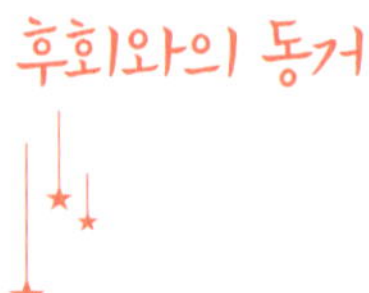

왜 날 사랑해주지 않냐고 할 시간에
차라리 더 많이 내 사랑을 보여줄걸.
한 번 더 안아줄걸.
한 번 더 입을 맞춰줄걸.

사랑은 빠르게 왔다 샛길로 도망갔고,
후회는 느리게 도착해
제 집 안방처럼 편하게 내 안에 살고 있다.

망상 같던 현실

모든 게 너무 외로워서
잠시 한 멋대로의 망상이었다고,
당신이란 사람은 세상에 없었다고
생각해보기로 했다.

산뜻한 마음으로 방을 정리하는데
버리지 못하고 남겨뒀던 한 장 사진이
빛도 안 바랜 채 해사하게 웃고 있었다.

망상으로 끝내기엔 너무 선명해서
연애를 했다고 덜컥 믿을 수밖에 없었다.
당신은 날 사랑하지 않았겠지만.

꿈에서만 애인

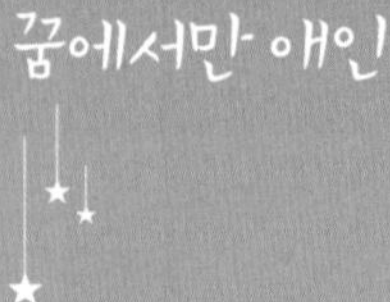

눈만 감으면 아직도 내가 여전히
너의 애인인 세상이 있어서,
너와 헤어진 후 잠이 많아진 것 같아.

오늘도 잠들면 또 너에게 갈 수 있겠지.
또 너를 만나 입 맞출 수 있겠지.

EASY-GOING

나는 그래요

썼다가 달았다가 그래요.
핫초코였다가 아메리카노였다가 그래요.
왈칵 제멋대로 굴다가 얌전히 웃다가 그래요.
자위를 하다가 자해를 하다가 그래요.
아이였다가 어른이었다가 그래요.
분홍색을 골랐다가 검정색을 골랐다가 그래요.
당신이 미웠다가 좋았다가 그래요.
당신을 잊었다가 떠올리다가 그래요.

어려서 날 좋아했다가 어려서 날 버렸다가 그랬죠.
이랬다가 저랬다가 나였다가 당신이었다가 그랬죠.

이제 와서 무슨 상관이 있나 싶다가
다시 온몸을 내던질 사랑을 하고 싶다가
그랬네요, 나는 그래요.

적당하던 비냄새
물웅덩이에 고인 하늘——
젖지 않던 이와——
젖어버린 나——

그래도 괜찮을 여름밤

몇 번은 더 봤던 영화를
올해 여름밤에도 틀어둔다고
사랑하던 마음이 돌아오진 않겠지.

내릴 듯 내리지 않는 비에
내리라고 화내는 것처럼.
혹은
걷힐 듯 걷히지 않는 구름에
걷히라고 화내는 것처럼.
흩어지고 흐려지는 이름을
다시 붙잡는 건 역시 별로겠지.

어제는 간만에 잠깐
네 얼굴을 다시 떠올려보니
네가 너무 못생겨서 울었고
못생긴 주제에 예쁜 나를 안았던
네가 너무 미워서 더 울었지만

그래도 괜찮을 여름밤이니까,
영영 옛날의 우리로 안타까울 여름밤이니까.

오늘은 널 생각한다고,
아주 조금의 죄책감은
보이지도 않는
무지개에 보내고 말아.

물웅덩이

늘, 애인의 입버릇이
"누가 나를 사랑할까."여서
내게는 네가 내 세상 그 자체라며
조용히 다독이는 것이 일과였다.

비 냄새가 가시지 않은 오후,
산책길에서 발견한 물웅덩이에서
문득 달큰했던 시절을 본다.

'아무도 거들떠보지 않았지만
가장 높은 푸름을 담고 있는
애인아, 너는 이 물웅덩이 같았단다.'
소용이 없는 생각도 해본다.

내가 사랑했던 너는
온 세상을 네 안에 켜켜이 품을 정도로
마음이 투명하고 깊었다고.

업데이트

다시는 마주치지 말자는 의미로
땅끝마을까지 가서 파묻고 왔던
천 원짜리 커플링보다
앙금이 먼저 썩은 모양이다.

한때는 네 고백 한마디가
순식간에 내 몸속 모든 혈관의
스위치를 켜기도 했지만
이젠,
안타깝게도 내 심장이
최신 버전 업데이트를 마쳐서
구식 작동법으론 꿈쩍도 않을 거다.

몇 년을 떠돌다 뒤늦게
네가 보낸 마음이 언젠가 내게 닿는대도
이제 너에 관한 모든 건
내게는 인식 불가다.

바다와 내가 함께 살았던 것은
봄인지 여름인지 구별이 안 되던
시절과 시절 사이의 과도기였다.

바다는 시시각각 부서졌고
나를 간질이기도 했으며
고요한 소음으로 날 재우고
또한 겁에 질리게도 했다.

한 번의 밀물에 나를 안았다
영원의 썰물로 사라진 바다,
그런 바다는
당신의 다른 이름이었다.

인력이 사라진 지금
밀물은 다시 오지 않을 것을 안다.

집재적 매너모드

같은 자리에 계속 놓여 있어요,
그 언젠가 우리가 잠에 빠진 동안
단 한 번도 울지 않았던 휴대전화처럼
당신은
내 기억 속 협탁에 여전히 놓여 있어요.
어쩌면 그 한 번 울지도 않고
조용히 놓여만 있어요.

쉿,
그렇다고 우는 걸 바라지는 않아요.

당신의 잔상이 우는 순간
오래도록 쌓아 올린 이 마음의 방음벽.
순식간에 공명해서
아주 많이 곤란해질 거예요.
나는 억누른 마음
한꺼번에 범람해서 곤란하게도
순식간에 다시 당신이 좋아질 거예요.

8월의 크리스마스

다가올 겨울에는 함께
홋카이도에 가는 게 어떻겠냐던
당신의 말을 차마 못 잊어
한여름 새벽의 꿈속에는 눈이 내립니다.
본 적도 없는 눈 속에 파묻힌 마을에서
당신과 손을 잡고 캐럴을 부르다
서서히, 서서히 얼어 죽는 꿈.

매미 소리에 눈을 뜨고
충동적으로 홋카이도를 검색하다
제목이 까마득한 캐럴을 다시 혼자서 불러봅니다.
창문 밖에서 8월의 세상이 작열하는 동안
영원히 우리는 함께 맞을 수 없을
결빙의 계절에 대해 생각합니다.

차마 지키지 못하고 시간에 모두 타버려
재처럼 남은 약속의 잔해들이
머리 위로 눈처럼 흩날립니다.

그러니 메리 크리스마스,
여름의 한가운데에서 당신이 멀어진 방향으로
나는 안타깝고도 즐겁게 인사를 건넵니다.

방부제

두 눈에 담았던 그날의 바다 풍경에
방부제를 뿌려뒀음 좋았을 텐데.
바다도, 그 바다를 함께 걸었던 당신 모습도
시간이 지나 다시 열어보니
썩어 없어진 상태였거든.

그때 참 좋았는데.

어쩌면

새벽에 집을 나서는 날이면 너를 만나러 길고양이처럼 발걸음을 죽이고 나서던 언젠가의 내가 생각난다. 잊고 싶어도 이미 이제는 완벽하게 나를 이루게 된 기억. 아직도 잊히지 않는 이는 마음에서 덜그럭거리고, 함께 맞은 적이 없는 겨울에 대해 쓸모없는 상상을 하며 기차를 기다린다.

그만하자고 말하지 않았다면 우리에게도 겨울이 있었을까. 우리는 어디까지 같이 달려갈 수 있었을까. 그렇게나 가고 싶던 눈 내리는 나라까지도 갈 수 있었을까. '어쩌면'이라는 말은 늘 모호하게 두근거려 괴로운 단어다.

당신은 구원자가 아니다

절벽에 간신히 매달린 내게
손을 내밀지 마세요.
그렇다고 발도 내밀지 마세요.
썩은 동아줄은 더욱 사양이에요.

당신은 이제 구원자가 아니에요.
당신은 나를 구원할 수 없어요.

도와주고 싶다면 그저
아주 멀리 달아나줘요.
시야에 들어오지 말아줘요.
왜냐고요?

사실은 말이죠.
나를 절벽으로 떠밀던 건
순진한 표정으로 손을 내미는
당신이었거든요.

나도 행복해질래요

꽤 오랫동안 달에게 소원을 빌 때는
그의 행복만을 빌었는데
이제 그러지 않으려 해요.
나도 행복해질래요.
그 사람 없이도.

별비가 내리기 전

언젠가 이맘때쯤 유성우가 내린다는 소식을 듣고 내가 빌어야겠다고 결심한 소원은, 사랑을 만날 수 있게 해달라는 것이었다.
그 소원은 이루어졌다. 나는 그때부터 별똥별에 소원을 빌면 이루어진다는 말을 믿기 시작했다.
8월, 또 유성우가 지난다고 한다. 한 차례 별비가 쏟아질 밤엔 이제 다른 소원을 빌어야 한다. '사랑하는 사람'과 동의어로 쓸 수 있는 이름은 해마다 바뀌었으니. 오랜 과거일수록 사랑했던 기억은 다행히도 가벼운 추억으로 변해갔다.
그럼 나는 이제 무얼 빌어야 할지를 생각하다, 이제 지난 사랑만큼 절박하게 빌 소원 같은 건 없다는 결론에 이르렀다. 소원은 절박하게 빌수록 더 반짝이니까. 그래야 조물주의 눈에 들어서 이뤄질 확률도 높아지니까.
절박하게 빌 소원이 없는 나는 가벼이 가버린 당신의 안녕이나 지나가듯 빌기로 했다. 이뤄지든 말든 상관이 없는 소원이란 뜻이다. 잘 지내도, 잘 지내지 못해도 어차피 남은 생에서 당신의 이름은 내겐 고통일 테니. 벌어진 채로 아문 흉터일 테니.

별비가 지나가는 동안엔 지나간 이들과의 추억을 세는 부질없는 놀이나 하기로 했다. 깍듯하게 예의를 갖춰 지나간 이들을 호명할 때는 모두 당신이라고 하기로 했다.

마지막 만남

마지막임을 직감하는 만남이 있다.
그날이 딱 그랬다.
어쩐지 오늘이 가면 다시는 못 만날 것 같았다.
가장 행복해서 불안했던 날.
잠든 당신의 심장 부근에 손을 대고,
그 두근거림에 따라 나도 숨을 쉬던 날.

몇 번이고 여름이 찾아온대도
다시는 오지 않을 소나기를 기억한다.

재활용품

어릴 적에는 한 뼘씩 키가 자랄 때마다 옷을 사곤 했다. 아깝다는 생각은 없었다. 못 입게 되어서 사는 것이지, 낭비가 아니었으니까. 옷은 친척이나 지인에게 물려주었다. 혹은 의류수거함으로.

이제 나는 키가 더 자랄 것이라는 덧없는 희망은 품지 않는다. 다만 마음에는 내가 경험하는 만큼 자극을 받는 활발한 성장판이 있다고 믿어서, 내가 죽는 날까지 마음의 키는 계속해서 자라줬으면 한다. 그 과정에서 사람과 사랑도 계속 만나고 헤어질 거다. 지금까지 그래왔듯이. 내 마음이 성장하고 있어서, 옛사랑과 옛사람은 더는 내게 맞지 않는 옷 같은 것이어서 이제 버려야 하는 때가 온 것이다. 기억 속 장롱에 박아두고 있어 봤자 쓸모도 없는 것들이니까.

재활용품을 떠맡아주는 그들의 현재 사람에게 고마움과 약간의 연민을 보내자. 나는 새 사랑, 새 사람과의 새로운 추억을 입어야지.

움트다

내 마음에 들어오지 마.
여긴 말라비틀어진 황야라
숨 쉴 공기도 부족할 거야.
그렇게 간절하게 바랐는데도

기어이 어느 날
사랑 하나는 마음에 힘겹게 들어와
불편한 자세로 앉았다.

쩍쩍 갈라지던 바닥에
한 차례 비가 내리더니
선명한 색이 감돌기 시작한다.

언젠가는 다시 모두 말라버릴 텐데.
혹은 홍수에 모두 쓸려가버릴 텐데.
의심을 감추지 못하면서도
돋아난 생기,
부는 따뜻함이 하도 좋기에

잠깐은 눈을 감고 만끽하기로 했다.

온기가 움트는 마음을 아끼기로 했다.

다만 영원을 믿진 않기로 했다.

망국의 군주

사랑이 부서지고 한참이 지난 뒤에 우연히 너를 다시 만났다. 나는 놀랄 수밖에 없었다. 너는 너무도 늙고 초라한 모습이었다. 이런 사람에게 내가 한때 목숨까지 걸고 싶었다니. 나에게 독재자마냥 굴었지만, 너도 사실 볼품없는 하나의 인간일 뿐이었던 거다.

네 권력은 나로부터 나왔다는 생각이 들었다. 나의 사랑이 너에게는 권력이 됐던 것 같다. 그랬기에 내가 너를 배반한 순간, 우리라는 이름의 나라는 불타 없어졌다.

망국의 군주를 보며 나는 조롱한다. 너는 아무것도 아닌 사람이야. 그리고 그 순간부터 나는 눈이 부시게 반짝이기 시작했다. 그 어느 때보다도.

흘려보내요

잘 살고 있는 것 같으면
들쑤시지 말고 지나가요.

마음에 흩날리던 뿌연 침전물 기껏 가라앉혀
위에 맑은 물 겨우 만드니
이제야 다시 난잡하게 나를 휘젓는
당신의 미안하다는 말도,
잘 지내라는 말도 이미 너무 늦었어요.

당신의 기척이 어쩌다 와 닿는 일도,
나를 다시금 흔들어버리는 일도,
접점이 다시 생기는 일도
나는 이젠 피하고 싶을 뿐.

이제 마주치지 말아요, 그 어디서도.
혹시 서로의 뒷모습 보더라도
붙잡지 말고, 확인도 말고
그대로 흘려보내요.

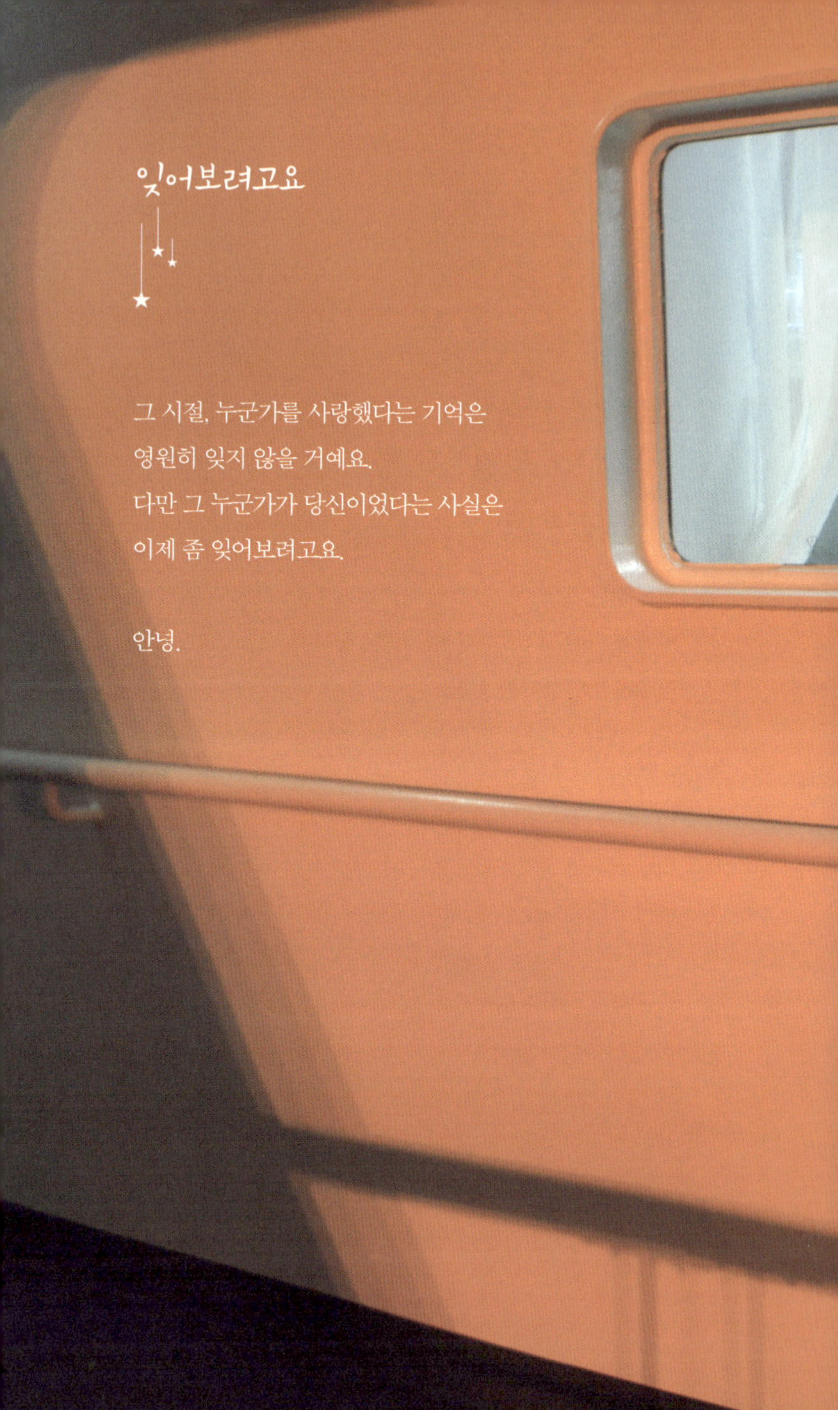

잊어보려고요

그 시절, 누군가를 사랑했다는 기억은
영원히 잊지 않을 거예요.
다만 그 누군가가 당신이었다는 사실은
이제 좀 잊어보려고요.

안녕.

사랑은 사랑으로 지운다

푸욱 푸욱 발이 빠지는 곳을 굳이 골라 내 위로 진한 자국 남기고 당신은 멀어져갔지만 해변의 발자국은 언젠가 지워질 것임을 알았기에 크게 염려하지는 않았다.
어느 날 파도처럼 밀려온 사람 하나 당신 자국을 지우며 내 위로 뒹굴었다. 나는 그의 서늘함이 오히려 따뜻했다.

짝사랑

멀리서 보기엔 지금의 나와 같은 속도로 걸어가고 있는 것 같아서, 한 번 따라 잡아보자 싶었지. 안간힘을 쓰며 당신을 향해 더욱 빨리 걸어. 뛰어가기엔 당신이 놀라 달아날까 봐 두려우니까. 하지만 시간이 가도 우리의 거리는 좁혀지지 않고 오히려 멀어져. 아, 당신의 속도는 이미 나의 최대치보다 높았던 거야. 잠깐씩 제자리에 멈춰 서서 숨을 고르는 당신에게서 잠시 희망을 보는 나는 절실한 마음으로 힘을 더 내지만, 터질 것 같은 내 심장을 당신의 무의식은 너무도 쉽게 외면하고 다시 속력을 높여. 몇 차례 그런 식의 희망 고문에 안타깝게도 나는 계속해서 당했지. 그러다 갈림길이 나와. 당신은 내가 가지 못하는 길로 방향을 트는구나. 멀어져가는 당신의 뒷모습.

어쩔 수 없지 뭐. 우린 그냥 가는 길이 달랐을 뿐이야. 그렇지?

웃는 게 웃는 게 아니야

단단하게 굳어버린 슬픔을 입 속에서 굴린다. 그러면 웃음소리를 흉내 낼 수 있다. 우는 법을 잊고, 대신 울음이 날 순간에 웃을 수 있게 됐다. 눈 끝을 말고 입 끝을 올렸다. 사람들은 무해한 웃음을 보여주는 내게 '너는 어디서든 잘 살 거야.'라고 말했다. 정말 그럴까. 굳은 슬픔이 속에서 덜그럭거린다. 이제는 웃는 건지 우는 건지 나도 모르겠다.

바람의 물결

밖에 바람이 부는 걸
창문 밖의 담쟁이가
물결치는 걸 보고 알듯이

마음 안에 바람이 부는 걸
당신과 가까이 마주 앉아 있는
내 손이 떨리는 걸 보고 알았다.

오랫동안 실바람 한 점 없던 내 안에
따뜻하고도 드센 바람이 공명한다.

손 부르르 떨며
창문 밖 담쟁이처럼 침묵으로 전한다.
내 바람은 당신에게서 불어온다고.

달밤의 춤

달 밝은 밤에는 당신과 나의 집,
그 중간의 강가에서 만나요.

물 흐르는 소리는 무곡이 되고,
가로등은 우리를 비추는 조명.

잡은 두 손에선 서로의 심장이 뛰고
발을 맞추어 걷는 소리가 경쾌하니
당신 손에 입 맞추며 한 곡 청해볼래요.

달빛이 쏟아지는 밤,
서로의 숨결을 마시고 조금 취해볼까요.
붉어진 얼굴로 손을 맞잡고
빙그르르 빙그르르 춤을 출까요.

평행우주

수많은 평행우주가 있다는 가설은
아득하고 무섭지만, 그럼에도
그 많은 우주 중에 당신과 내가 만나
영원까지 함께 걷는 세상을 품은
우주 하나쯤은 있을 거라 생각하면
가설이 사실이기를 바라게 된다.

지귀(志鬼)

고단한 그리움과 잠들었던 가슴팍엔
그대 두고 가신 연민, 보석처럼 반짝였네.
번지는 애달픔은 눈물로도 끄지 못하니
마음에 붙은 불은 이내 온몸을 태우네.

숨은 뜻

내 마음에 차오르는
온갖 어지러운 감정,
당신에게 전하고 싶은 마음
참으로 많고 많지만

말하지 않는 게 아니라
말하지 못하는 겁니다.

한정된 세상의 단어를 다 쓰고도
나의 진심이 왜곡될까 혹시 두려워
차라리 침묵을 지킵니다.

사랑하지 않아서가 아닌
사랑해서,
당신이 너무 소중해서 지키는 침묵.

그 숨은 뜻을 찾아줄 수 있나요.

밉고도 좋아요

이렇게 쓰라린 만남을 위해
한 생을 통째로 바친 게 아니라며
하늘에 대고 매일 밤이면 욕을 했는데

"어느 날은 신이 꿈에 나와 물었죠."
"아예 둘이 만날 수 없도록
만난 적 없던 날로 시간을 돌려줄까?"
정작 나는 고개를 저었어요.

온 마음 진물이 나도록 쓰라려
잠 못 이루고 뒤척이는 밤이
몇천일, 몇만일 더 남았다 한대도
당신을 만나기 위해 바쳤던 내 삶이 좋아요.
당신을 만나고 나서 울었던 내 삶도 좋아요.

앞으로도 계속 하늘에게 욕하다
벼락 맞고 짜릿하게 죽어
지옥 문지기 손에 끌려간대도

당신에게만 비굴해지는 나를 미워할 수 없어서
참 밉고도 좋아요, 당신.

설마 아니겠지

그러니까 그게 언제였더라, 당신과 내 손이 겹쳐지는 모습을 생각하며 얼굴 남몰래 붉히다 스스로를 한심해하던 그때? 내 인생 최초로 등장한 개새끼를 귀엽다고 생각하던 그때? 어린 내 외면을 좋아했지만 어린 내 내면이 싫다고 결국 네가 솔직하게 말하던 그때? 당신을 제일 사랑하고 있었던 때는 어느 때였지?

어쩌면, 어쩌면 인정하기 싫지만, 정말 이건 아닌 거 알지만 혹시 있지, 혹시 지금인 건 아니겠지? 멀리 도망가면 갈수록 바짝 쫓아가고 마는, 간사한 마음이 사랑인 건 아니겠지?